Karin Biala-Gauß

Yorkshire Terrier

Haltung

Erziehung

Pflege

Erste Hilfe

| Quick Info | Porträt | Einzug | Erziehung | Haltung | Gesundheit | Kinder Spezial |

Quick Info

4 Der Yorkie auf einen Blick
5 Darauf müssen Sie sich einstellen
6 Wie gehe ich richtig mit dem Yorkie um?

Energiebündel im Miniaturformat

12 Die Ahnen des Yorkies
13 Das äußere Erscheinungsbild
14 Das Wesen des Yorkies
15 Welpe oder erwachsener Hund?

Ein neues Mitglied der Familie
22 Die Vorbereitungen
24 Der Einzug ins neue Heim
26 Ein Welpe kommt ins Haus
28 Miteinander auskommen

Mit Geduld und Konsequenz
32 Die richtige Methode
34 Was der Hund lernen muss
36 Die Grundschule

Winzlinge mit großen Ansprüchen
42 Körperpflege muss sein
46 Die richtige Ernährung
48 Dose, Tüte oder Kochtopf

Vorbeugen ist besser als heilen
52 Schutzimpfungen
54 Die häufigsten Krankheiten
56 Patella-Luxation (PL)

Kinder Spezial
58 Was du im Umgang mit deinem Yorkie beachten musst
59 Wie schlau und kräftig ist dein Yorkie?
60 Die Vorfahren aller Hunde sind die Wölfe
61 Wer ist hier der Boss?

Serviceseiten
62 Wichtige Adressen
62 Weiterführende Literatur
63 Impressum
63 Register

64 **Erste Hilfe**

Der Yorkie auf einen Blick

Der Yorkie gehört zu den kleinsten Hunderassen. Er wirkt sehr zerbrechlich, aber dieser Eindruck täuscht.

Klein – aber nicht zu übersehen

Der Winzling ist robuster, als man meint. Trotzdem sollte er von Kindern oder fremden Personen nicht einfach hochgenommen werden. In der Regel mag er das nämlich nicht und bei dem Versuch, sich zu befreien, könnte er stürzen und sich verletzen. Zwischendurch lässt er sich zwar gerne verwöhnen und hätscheln, aber: Über das WANN und VON WEM entscheidet er doch gerne lieber selbst.

Ein kleiner Hund mit großem Selbstbewusstsein

Der Yorkie in Stichworten

Wesen	Charmanter, lebhafter, pfiffiger Familien- oder Einpersonenhund mit ausgeprägtem Selbstbewusstsein und Persönlichkeit
Pflege	Großer Pflegeaufwand, haart aber nicht. Tägliche Pflege und regelmäßiges Baden sind unerlässlich
Bewegungsbedürfnis	mittleres Bewegungsbedürfnis. Täglich 1–1 1/2 Stunden Auslauf
Ansprüche	Gut in der Stadtwohnung zu halten, braucht viel Beschäftigung und Zuwendung
Wachsamkeit	Aufmerksamer Wächter, kann aber zum Kläffer werden, wenn man ihm nicht seine Grenzen zeigt
Besonderheiten	Trotz seiner geringen Größe ein richtiger Hund, der als bloßer Schoßhund nicht ausgelastet ist

Integrierbarkeit in die Familie

Der Yorkie ist ein temperamentvoller, lustiger Kleinhund. Er lässt sich zwar leicht in das »Familienrudel« integrieren, erhält sich aber trotzdem gewisse Freiräume.

Darauf müssen Sie sich einstellen

- Der Yorkie ist nicht gerne allein → Nicht länger als 4 Stunden allein lassen, Welpen max. 2 Stunden
- Er will auch im Urlaub dabei sein → Alternative: private Betreuung durch Freunde oder sehr gute Tierpension mit individueller Betreuung der Hunde
- Der Yorkie ist sehr klein → steile oder rutschige Treppen können ein Problem sein. Eventuell müssen Sie ihn tragen
- Der Yorkie verfügt über gutes Durchsetzungsvermögen → Wenn Sie von ihm respektiert werden wollen, müssen Sie konsequent sein können
- Der Yorkie liebt Gesellschaft und Artgenossen → Artgerechte Yorkie-Haltung schließt von klein auf regelmäßigen Kontakt zu anderen, geeigneten Hunden ein
- Der Yorkie kann 10–15 Jahre alt werden → Für diesen Zeitraum müssen Sie ihn in Ihre Lebensplanung mit einbeziehen

Interessante Fundsachen werden sofort begutachtet.

Wie gehe ich richtig mit dem Yorkie um?

Junge Hunde haben andere Bedürfnisse als ausgewachsene oder alte. Ernährung, Bewegung und Erziehung müssen altersgerecht sein, damit Ihr Hund optimal gedeihen kann.

Das braucht Ihr Welpe (0–4 Monate)

❦ **Futter:** Füttern Sie ihm 5-mal täglich kleine Portionen. Im Handel gibt es bei Fertigfutterprodukten inzwischen auch spezielles, dem Alter entsprechendes Welpenfutter.

❦ **Auslauf:** Machen Sie mit Ihrem Welpen, sobald er den vollständigen Impfschutz hat, täglich 6–7 kleine Spaziergänge (ca. 10 Minuten je Gang). Lassen Sie den Kleinen dabei ausgiebig schnuppern.

❦ **Prägespiele:** Schaffen Sie ausreichend Spielmöglichkeiten mit Artgenossen. Wichtig sind auch Kontakte zu anderen Tieren und Menschen, damit der Welpe Vertrauen in seine Umwelt gewinnen kann.

❦ **Tierarzt:** Wichtig sind eine gründliche Allgemeinuntersuchung, Entwurmung, Wiederholungsentwurmung sowie Impfung und Wiederholungsimpfung.

❦ **Verbote:** Treppensteigen, Sprünge über Hindernisse, allein lassen auf erhöhten Plätzen, Kläffen.

Vorsichtig hochheben, damit dem Hundebaby nichts geschieht.

| Quick Info | Porträt | Einzug | Erziehung | Haltung | Gesundheit | Kinder Spezial |

Das braucht Ihr Junghund (5–12 Monate)

🐾 **Futter:** Futter: 3-, später 2-mal täglich. Bieten Sie zum Gebisswechsel harte Kauknochen oder Hundekuchen an.

🐾 **Auslauf:** Machen Sie täglich noch 3 bis 4 Spaziergänge und steigern Sie jeden Gang auf ca. 30 Minuten.

🐾 **Prägespiele:** Wichtig bleibt der Kontakt zu Artgenossen, anderen Tieren und Menschen. Während der »Flegelphase« besonders konsequent bleiben. Kläffen und Rauflust durch geeignete Spiele kontrollieren.

🐾 **Lernen:** Diszipliniertes Laufen an der Leine und erste Unterordnungsübungen. Gewöhnen Sie ihn an außerhäusliche Alltagssituationen wie Fahrten mit öffentlichen Verkehrsmitteln, Spaziergänge in der Stadt. Sauberkeitserziehung muss abgeschlossen sein.

🐾 **Tierarzt:** Kontrolle des Gebisswechsels. Erste PL-Kontrollen (PL = Patella-Luxation)

🐾 **Verbote:** Große Wanderungen auf unwegsamen Strecken, hohe oder steile Sprünge, Aggressionen gegen Hunde (vor allem größere!).

Spiele im Garten sind eine willkommene Abwechslung.

Das braucht Ihr erwachsener Yorkie (1–8 Jahre)

❧ **Futter:** Von nun an reicht 1-mal täglich füttern. Trockenfutter kann ständig bereitstehen, solange der Hund nicht dick wird.

❧ **Auslauf:** Es reicht ein großer Spaziergang (1–1 1/2 Stunden) täglich. Er kann jetzt aber auch längere Wanderungen durchhalten oder eignet sich als Joggingbegleiter. Dabei soll ihm aber ausreichend Möglichkeit zum Ausruhen und Schnüffeln gegeben werden.

❧ **Lernen:** Yorkies sind Hunde mit eigenwilligem Charakter. Damit er unbedingt gehorcht, müssen Sie weiterhin konsequent das Gelernte aus der Junghundphase wiederholen oder Neues dazulernen.

❧ **Tierarzt:** 1-mal jährlich gründliche Allgemeinuntersuchung mit Impfungen, Zahnkontrolle, gegebenenfalls Zahnsteinentfernung und Entwurmungen. Mit 3 Jahren besteht keine Gefahr mehr, dass der Yorkie eine PL entwickelt.

Aufmerksam bewacht ein Yorkie sein »Eigentum«.

Das braucht Ihr älterer Hund

🐾 **Futter:** Jetzt sind wieder kleinere Portionen, verteilt auf bis zu 3-mal täglich, ratsam. Auf Unverträglichkeiten Rücksicht nehmen. Im Handel gibt es spezielles Seniorenfutter.

🐾 **Auslauf:** Je nach Kondition und Gesundheitszustand des Hundes können Spaziergänge wie gewohnt belassen oder müssen entsprechend weniger anstrengend gestaltet werden. Zwei halbstündige Gänge anstelle eines einstündigen können notwendig werden. Auf alle Fälle muss sich auch der alte Yorkie ausreichend bewegen, um möglichst fit sehr alt zu werden.

🐾 **Lernen:** Wiederholen Sie regelmäßig das Gelernte. Für Neues ist ein Yorkie nie zu alt, denn Körper und Geist bleiben auch bei Tieren dadurch länger fit.

🐾 **Tierarzt:** Wie bisher. Bei den meisten Yorkies dürfte das Gebiss jetzt mehr oder weniger verbraucht sein, häufigere Zahnkontrollen können notwendig werden. Schlechte oder lockere Zähne ziehen lassen, sie bereiten Schmerzen und belasten den Organismus.

🐾 **Verbote:** Wie bisher. Lange Spaziergänge bei nasskaltem Wetter und Anstrengungen bei großer Hitze.

Seinen »Stammplatz« sollte man dem Senior zubilligen.

Energiebündel im Miniaturformat

Ganz untypisch für eine Zwerghunderasse, entstand der Yorkie nicht in den Gemächern feiner Damen, sondern in den ärmsten Arbeitervierteln. Daraus resultieren Eigenschaften wie Frechheit, Tatendrang und Kampfgeist. Erst später wurde er von den »oberen Schichten« entdeckt und zu einer der beliebtesten Kleinhunderassen.

Mit kessem Blick schaut der Kleine in die Welt. Yorkshire Terrier sind aufmerksam, lebhaft und sehr temperamentvoll.

England hatte auf dem Gebiet der Hundezucht seit jeher eine herausragende Bedeutung. Hunde waren immer beliebt und man hielt sie mehr oder weniger in jeder Gesellschaftsschicht. Große Hunde und Jagdhunderassen blieben jedoch stets den reicheren Schichten vorbehalten. Die Hunde der einfachen Bevölkerung durften eine bestimmte Größe nicht überschreiten, da man befürchtete, dass sie zum Wildern abgerichtet werden könnten. Darüber hinaus hätten die einfachen Leute einen großen Hund auch überhaupt nicht ernähren können.

Ein kleiner Hund mit großem Mut

Gefragt war also ein kleinerer, kerniger Hund, einigermaßen anspruchslos und von etwas aggressiverem Charakter, den man auch zur Eindämmung der Mäuse- und Rattenplage einsetzen konnte. Und natürlich sollte er, trotz aller Verbote, den sonntäglichen Mittagstisch seines Besitzers um ein Stück Kleinwild bereichern. So entwickelte sich eine ganze Reihe von Terrier-Rassen, von denen einige die Vorläufer unseres heutigen Yorkshire Terriers waren. Die Begründer der Rasse waren Weber, die sich Mitte/Ende des 18. Jahrhunderts in der Nähe von Yorkshire niederließen.

Die Ahnen des Yorkies

Einige dieser Rassen sind uns namentlich überliefert, wie z. B. Paisley, Clydesdale, Waterside, Scottish, Sky und Manchester Terrier. Sie alle trugen zur Entstehung des Yorkshire Terriers bei, nachdem in den Webern der Ehrgeiz erwacht war, eine eigene Hunderasse zu züchten. Alle guten Eigenschaften der vorgenannten Rassen sollten sich in dem neuen Hund vereinigen und es scheint, als sei dieser so erfolgreich gewesen, dass viele der »Gründungsrassen« letztendlich von der Neuzüchtung verdrängt wurden und ausgestorben sind.

Angeblich hatte das lange, seidige Haarkleid des Yorkshire Terriers den Webern zum Abwischen ihrer öligen Hände gedient. Vielleicht war dies tatsächlich ab und an der Fall, wenn der Hund gerade »griffbereit« war. Wer aber das quirlige Temperament des Terriers kennt,

Zu den Ahnen des Yorkshire Terriers gehört auch der robuste, recht eigenwillige Scottish Terrier.

dem erscheint es unwahrscheinlich, dass so ein Hund während eines langen Arbeitstages untätig »abwischbereit« herumgelegen haben soll!

Huddersfield Ben

Der wohl berühmteste und rassegeschichtlich wichtigste Yorkshire Terrier war der Huddersfield Ben. Geboren 1865 und das Produkt einer Mutter-Sohn-Verpaarung, verkörperte er den Idealtyp der Rasse. Er war nicht nur auf Ausstellungen erfolgreich, sondern hinterließ auch eine große Anzahl schöner Nachkommen, die seinen Typ weiterführten und das Rassebild prägten: Haartextur, Haarfarbe und Charaktermerkmale haben sich bis heute in der Rasse erhalten. Größe und Format mussten jedoch einem »damenhafteren Verwendungszweck« angepasst werden, nachdem die Rasse mit dem aufblühenden englischen Bürgertum Eingang in Salons und bei Hofe gefunden hatte. Anstelle von Bens lang gestreckter 8-kg-Kampfstatur trat durch Zuchtauslese eine handliche, quadratische 3-kg-Miniausgabe. Die vormals kleinkupierten Ohren wurden auf die gewünschte Größe und Form heruntergezüchtet.

Rattenfänger und Wettobjekt

In punkto Ernährung war der frühe Yorkie ganz auf sich allein gestellt. Dies allein erforderte eine gewisse Mindestgröße. Lebenserhaltend waren Eigenschaften wie Territorialverhalten und Aggressionsbereitschaft, denn in dem Bedürfnis, satt zu werden, musste das eigene Jagdrevier gegen Nahrungskonkurrenten verteidigt werden. Auf seinem Speiseplan standen hauptsächlich Ratten und Mäuse, womit er einen wichtigen Beitrag in der Schädlingseindämmung leistete.

Ganz nebenbei machten sich die schon damals wettfreudigen Engländer einen Sport daraus, ihre Hunde bei Rattentötungswettkämpfen mitstreiten zu lassen. In einer kleinen Arena (Pit) mussten innerhalb eines vorgegebenen Zeitraumes möglichst viele Ratten »erledigt« werden. Erfolgreiche Hunde stellten einen erheblichen Wert dar, denn auch nach ihrer aktiven Pit-Karriere taten sie noch Gewinn bringend als Deckrüden ihren Dienst, da man sich von ihnen Nachkommen mit ähnlich guten Eigenschaften erhoffte.

INFO

Als Relikt seines ursprünglichen Einzelgängerdaseins ist dem Yorkie auch heute noch ein gewisser Hang zur Unabhängigkeit eigen. Als Besitzer muss man daher manchmal mit einiger Toleranz darüber hinwegsehen, wenn sich der Yorkie seine kleinen Freiräume erhält und nicht immer zuverlässig »pariert«.

Das äußere Erscheinungsbild

WICHTIG

Sehr kleinwüchsige Yorkies weisen häufig anatomische Mängel auf. Zwar soll der Yorkie ein Zwerghund sein, aber Extreme gehen meist auf Kosten von Vitalität und Qualität. 2,5 bis 3 kg sind für einen Terrier wenig genug. Von überteuerten Miniexemplaren ist dringend abzuraten.

Für jede Rasse ist ein international anerkannter Standard festgelegt. Diese Standards wurden mit Beginn der Rassereinzucht sehr bedeutsam, sie sind heute die »Bibel« eines jeden Hundezüchters. Die Standardkonformität definiert Qualität und Wert eines Rassehundes und ist ausschlaggebend dafür, ob ein Hund als Zuchttier geeignet ist und seine Nachkommen Ahnentafeln erhalten.

Zusammenfassung des Standards

Der Yorkie ist ein kleiner, aber kompakter Terrier, in seiner Körperform annähernd quadratisch, mit einem maximalen Gewicht von 3,2 kg. Er zeigt eine stolze, aufrechte Haltung und muss »Wichtigkeit« (Persönlichkeit) ausstrahlen.

❀ **Körper:** Vorder- und Hinterläufe sind gerade, parallel gestellt und gut gewinkelt. Die Rückenlinie verläuft waagrecht. Der Hals ist von ausreichender Länge und verläuft in eleganter Linie, sodass der Kopf edel getragen werden kann.

❀ **Kopf:** Der Schädel ist nicht übermäßig gerundet, aber auch nicht zu flach. Der Stop (Absatz von Stirn zum Nasenrücken) ist deutlich zu spüren. Die Fanglänge ist kürzer als die Schädellänge. Pigmentierung von Nasenschwamm und Lidrändern schwarz. Die Augen sind dunkel, von mittlerer Größe und wachem, intelligentem Ausdruck. Sie dürfen nicht hervortreten (Glupschaugen). Die Ohren sind klein, fest aufgerichtet, umgekehrt V-förmig, hoch angesetzt und nicht zu weit auseinander stehend. Er hat ein gleichmäßiges, kräftiges Scherengebiss (Zangengebiss wird toleriert), möglichst vollzahnig (42 Zähne insgesamt).

❀ **Haar:** Das lange Haar ist völlig glatt, ohne Wellen und Locken. Die Textur ist seidig und schwer. Es wird von der Nasenspitze bis zum Rutenansatz gescheitelt (mit Ausnahme des Schopfhaares). Die Farben sind dunkles Stahlblau (nicht Schwarz oder Hellgrau) und dreifach schattiertes Tan (d.h. die Haare sind am Ansatz dunkler, in der Mitte etwas und an den Spitzen noch etwas heller).

❀ **Bewegungen:** Sie sind harmonisch und kraftvoll. Vorder- und Hinterläufe werden parallel gesetzt (nicht kreuzend oder lose in den

Ellenbogen), die Rückenlinie bleibt auch in der Bewegung gerade und fest.

Die Ruten werden nicht mehr kupiert

Der ursprüngliche Sinn des Rutenkupierens war die Kennzeichnung als Nutz- oder Arbeitshund. Nur Luxushunden wurde die Rute belassen, für diese musste der Besitzer dann auch eine beträchtliche Steuer bezahlen (ein Relikt dieser Handhabung ist unsere heutige Hundesteuer!).

Seit 1. Juni 1998 ist nach Änderung des Tierschutzgesetzes in Deutschland das Rutenkupieren nicht mehr erlaubt und so zeigt unser Yorkie heute eine mittellange, befranste Rute, die er fröhlich erhoben trägt. Obwohl im Mutterland der Rasse, England, schon seit 1995 üblicherweise ebenfalls nicht mehr kupiert wird, ist im Rassestandard bis heute noch nicht festgeschrieben, welche exakte Art von Rutenhaltung gefordert ist.

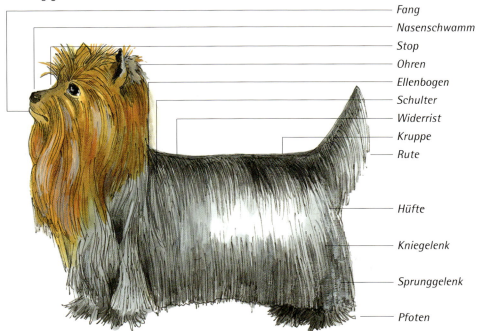

Fang
Nasenschwamm
Stop
Ohren
Ellenbogen
Schulter
Widerrist
Kruppe
Rute
Hüfte
Kniegelenk
Sprunggelenk
Pfoten

Das Wesen des Yorkies

Trotz seiner winzigen Größe ist der Yorkie ein richtiger Terrier. Er wurde ursprünglich nicht wie andere Zwerghunderassen als Schoßhund gehätschelt und verwöhnt, nein, er hatte selbst für seinen Unterhalt zu sorgen. Er musste hellwach nach Beute Ausschau halten, dann die List besitzen, diese im richtigen Augenblick zu überrumpeln oder die Schnelligkeit und Wendigkeit, sie zu erwischen, und schließlich den Mut, sie zu überwältigen, denn Ratten sind sehr wehrhaft. Natürlich bekommt der heutige Familien-Yorkie sein Futter vom Besitzer, aber sowohl sein Jagdtrieb als auch die damit verbundenen Charaktereigenschaften sind ihm bis heute erhalten geblieben. Sie haben sich allenfalls den Umständen angepasst.

Selbstbewusst bis eigensinnig

Ein kleiner Draufgänger ist er immer noch und durchsetzen kann er sich auch. Da er ursprünglich eher ein Einzelgänger war, hat Herrchen es manchmal etwas schwer, ihm seine »Rangordnung« innerhalb der Familie klarzumachen. Raufereien ist er auch nicht abgeneigt und schließlich lässt sein Gehorsam dann und wann zu wünschen übrig, wenn er etwas ausgemacht hat, das er unbedingt verfolgen muss. Deswegen sollte man seinen Yorkie erst dann von der Leine lassen, wenn man sicher sein kann, dass man ihn im Griff hat, wenn es eine entsprechende Situation erfordert. Auch wenn er sich etwas in den Kopf gesetzt hat, wird er mit großer Beharrlichkeit versuchen, sein Ziel zu erreichen. Dieser Hund ist kein »Ja-Sager« und Sie werden bei ihm immer mit Überraschungen rechnen müssen, denn sein Ideenreichtum scheint unerschöpflich. Er braucht eine konsequente Hand, was die Durchsetzung der oberen Grenzen anbetrifft. Ansonsten muss der Besitzer die Toleranz aufbringen, die ein partnerschaftliches Verhältnis zu diesem Hund erfordert. Hunde mit Persönlichkeit sind eben etwas schwieriger, aber dafür werden Sie umso mehr Spaß mit ihnen haben.

Der Yorkie hat sehr viel Temperament und Ausdauer; hier sind Sie als Besitzer gefordert. Ausreichende Beschäftigung und vor allem erlebnisreiche Spaziergänge sind das beste Ventil für seine überschüssi-

> **TIPP** Ständiges Kläffen, Unsauberkeit oder Übergriffe auf Einrichtungsgegenstände sind oft ein sicheres Zeichen dafür, dass die Haltung nicht Yorkie-gerecht ist. Intensive Beschäftigung und viel Bewegung schaffen schnell Abhilfe.

ge Energie. Das kleine Energiebündel ist ständig in Bewegung, spielt, tobt und buddelt mit Begeisterung in Erdlöchern herum – vielleicht steckt ja eine »Beute« darin.

Wenn man dem Yorkshire Terrier die notwendigen Freiräume zur Entfaltung seiner Persönlichkeit zugesteht, ist er sowohl ein vollwertiger Partner für eine Einzelperson als auch ein ideales Familienmitglied.

Yorkie im Doppelpack?

Fast alle Hunderassen lassen sich bevorzugt zu zweit halten. Bei den Terriern gibt es allerdings viele echte Individualisten und ich kenne eine ganze Reihe von Fällen, wo ein Hund wieder abgegeben werden musste, weil die Rivalitäten so groß waren. Auseinandersetzungen endeten manchmal in lebensgefährlichen Verletzungen.

Um herauszufinden, ob sich Ihr Yorkie mit einem zweiten Hund in Ihrem Haus arrangieren kann, könnte man z. B. für einige Tage einen Pflegehund aufnehmen.

Beim Kampf um das Stöckchen geht es gelegentlich recht munter zu – jeder will siegen.

Welpe oder erwachsener Hund?

Der Großteil der Hundekaufinteressenten denkt bei der Anschaffung an einen Welpen. Die Vorteile dafür liegen klar auf der Hand: Das Jungtier ist in jeder Hinsicht formbar, man kann sich mit dem entsprechenden Feingefühl den Hund genau so heranziehen, wie man ihn haben möchte. Von klein auf fügt er sich in die bestehenden familiären Gegebenheiten und Alltagsabläufe, Eifersüchteleien gegen andere Familienmitglieder kommen erst gar nicht auf. Auch eventuell bereits vorhandene tierische Mitbewohner akzeptieren ein »Baby« ohne Konkurrenzdenken, sodass es sich ohne Rangordnungsraufereien seinen Platz im bestehenden Gefüge und im Herzen der Besitzer erobern kann. Das entzückende Äußere eines Yorkie-Welpen und der Wunsch des Hundehalters, mitzuerleben, wie sich das tapsige Wollknäuel zu einer eleganten, silbergraufarbigen Schönheit entwickelt, beseitigt für fast alle Yorkie-Liebhaber Zweifel bezüglich des Ungemachs zerkauter Schuhe, zerrissener Schriftstücke und auf dem Perserteppich hinterlassener Pfützchen und Häufchen.

> **TIPP** Fragen Sie bei Züchtern nach einem erwachsenen Tier. Sie vermitteln oft »Scheidungswaisen« und andere »Umstände-Hunde« oder auch Tiere, die ursprünglich für Zuchtzwecke zurückgehalten wurden und sich dann nicht entsprechend entwickelt haben. Auch über Inserate werden oft erwachsene Hunde angeboten.

Gute Gründe für einen »großen« Yorkie

Wenn allerdings nicht zumindest ein erwachsenes Familienmitglied ganztags zu Hause ist, muss von der Anschaffung eines Welpen dringend abgeraten werden. Einen Welpen nur zur Stubenreinheit zu erziehen, kann ein erhebliches Problem darstellen, wenn man in den ersten Wochen nicht ständig und konsequent auf ihn achten kann – von anderen Erziehungsmaßnahmen einmal ganz abgesehen. Der Kauf eines ausgewachsenen Yorkies empfiehlt sich auch dann, wenn man mit ihm züchten oder auf Ausstellungen gehen möchte.

Auch ältere oder behinderte Menschen, für die die Anschaffung eines Hundes keinesfalls tabu sein muss, tun sich leichter, wenn das quirlige Welpenalter vorüber und die Grunderziehung abgeschlossen ist. Der erwachsene Hund wird sich allerdings in seinen Gewohnheiten nicht mehr so sehr ändern lassen; deshalb sollte man nur dann zugreifen, wenn einem das Tier, so wie es ist, zusagt. Auch sollte man diesen Hunden ähnliche familiäre Umstände bieten können, wie sie sie vorher hatten.

Rüde oder Hündin?

Bei Zwerghunderassen sind Wesensunterschiede zwischen den Geschlechtern kaum ausgeprägt, sie spielen daher als Auswahlkriterium auch keine Rolle. Viel entscheidender ist das künftige Umfeld des Tieres. Haben Sie bereits einen Hund, so sollte der zweite unbedingt das gleiche Geschlecht haben, sonst sind Schwierigkeiten vorprogrammiert. Dasselbe gilt, wenn ein Hund im Bekannten-/Verwandtenkreis oder in der Nachbarschaft gehalten wird, zu dem der eigene regelmäßig Kontakt hat oder bei dem er später eventuell zeitweise untergebracht werden soll.

Hündinnen werden etwa zweimal im Jahr läufig. Während dieser Zeit brauchen sie etwas mehr Aufmerksamkeit in der Pflege. Darüber hinaus sollte man mit der läufigen Hündin nur in sicherer Entfernung von männlichen Verehrern spazieren gehen, um unerwünschte Belegungen zu vermeiden. Rüden leiden manchmal darunter, mit Hündinnen in der Nachbarschaft leben zu müssen. Unruhe und Futterverweigerung während der Läufigkeit sind nicht selten.

> **TIPP** Die letzten zweihundert Meter zum Haus tragen Sie die läufige Hündin am besten, um den Rüden eine »Standortlokalisierung« unmöglich zu machen. So halten Sie lautstark-liebeskranke Interessenten von Ihrem Gartentor fern.

Im Spiel miteinander und mit der Mutter lernen die Welpen die ersten Verhaltensregeln.

Ein neues Mitglied der Familie

Der Hund ist ein Rudeltier. Diese Veranlagung bedingt, dass artgerechte Haltung nur gegeben ist, wenn er voll in die Besitzerfamilie als Familienmitglied und nicht nur als »Haustier« integriert ist. Wer hier grundsätzlich andere Vorstellungen hat, sollte lieber auf den Kauf eines Hundes verzichten.

Mal sehen, was es hier zu erleben gibt. Der Einzug ist für den Vierbeiner und die Zweibeiner eine spannende Angelegenheit.

Hundehaltung bedeutet Verantwortung. Obwohl der Yorkie nur ein sehr kleiner Hund ist, benötigt er einen beträchtlichen Zeitaufwand. Er braucht viel Auslauf. Auch ein großer Garten kann dem hundlichen Bedürfnis nach Abwechslung nicht voll genügen. Die »Zeitung« des Hundes ist der Spaziergang. Er kann erschnüffeln, was sich in der Umgebung tut und welcher Hund vor ihm wo gewesen ist. Die regelmäßigen Pflegemaßnahmen sind ebenfalls zeitlich fest einzuplanen, darüber hinaus muss man beim langhaarigen Yorkie immer mit unvorhersehbaren Pflege-Sondereinsätzen rechnen. Kurzum: Ein Yorkie ist kein Hund, der eben mal so »nebenher« zu halten ist, allerdings besitzt er eine Eigenschaft, die das Herz einer jeden Hausfrau höher schlagen lässt: Er haart nicht.

Alle müssen sich einig sein

Grundvoraussetzung für die Anschaffung eines Hundes ist, dass die ganze Familie zustimmt. Und zwar sowohl was den Kauf generell als auch was die Rasse im Besonderen anbetrifft. Das Wohlbefinden eines Tieres kann von Grund auf beeinträchtigt sein, wenn es auch nur von einem einzigen Familienmitglied abgelehnt wird. Es ist auch wünschenswert, dass ein Hund immer in eine gefestigte Lebenssituation einzieht. Der Yorkie kann problemlos bis zu 15 Jahre alt werden.

Die Vorbereitungen

> **TIPP** Wenn sich Ihr Yorkie nach 1–2 Tagen etwas bei Ihnen eingelebt hat, stellen Sie ihn sicherheitshalber einem Tierarzt vor, auch wenn er einen fitten Eindruck macht. Bei Hunden aus »zweifelhaften Quellen« sollten Sie sich nicht unbedingt auf die Angaben im Impfpass verlassen und die Grundimpfungen lieber wiederholen. Doppelt impfen schadet nicht, aber ein Welpe ohne Impfschutz lebt höchst gefährlich!

Wer im eigenen Haus wohnt, kann selbst über die Anschaffung eines Hundes entscheiden. Schon bei einer Eigentumswohnung sollte man aber die Neuerwerbung mit den anderen Bewohnern im Haus absprechen. Wer zur Miete wohnt, muss unbedingt vorher das Einverständnis des Vermieters einholen.

Die beste Adresse für einen Hundekauf ist immer der Züchter. Anerkannte Zuchtverbände haben Züchterlisten. Die Rasse ist so verbreitet, dass Ihnen ohne weite Anfahrtswege seriöse Züchter vermittelt werden können. Kaufen Sie keinesfalls im Hundehandel, der vermeintlich billigere Anschaffungspreis ist schnell dahin, wenn Sie ihre Neuerwerbung mit tierärztlicher Hilfe erst aufpäppeln müssen.

Meistens gewöhnt sich ein junger Hund schnell an die Schlafhöhle. Er fühlt sich dort geborgen.

Grundausstattung

Nur wenige Züchter sind so sortiert, dass man bei ihnen auch gleich die notwendige Grundausstattung kaufen kann. Sie benötigen mindestens:

❀ Hundekörbchen oder Hundehöhle (keine Korbgeflechte wegen Augenverletzungen)
❀ Eine Transportbox, in der der Hund bei Autofahrten, Tierarztbesuchen usw. seinen festen Platz haben sollte.
❀ Stabile Futter- und Wassernäpfe, die nicht umgestoßen oder herumgetragen werden können. Doppelnäpfe sind nicht empfehlenswert, da es umständlich ist, das Futter herauszunehmen, wenn das Wasser erneuert werden muss und umgekehrt.
❀ Ein Uhrenarmband (als Halsband), das zum Gewöhnen an die Leine gute Dienste leistet.
❀ Halsband und Leine. Am besten Vorführleinen, bei denen beides in einem Stück gearbeitet ist. Im Haus trägt der ausgewachsene Hund besser kein Halsband, um Verfilzungen im Hals-Nackenbereich zu vermeiden.
❀ Zwei Metallkämme (fein und grob), eine kleine Drahtbürste, evtl. eine Krallenschere. Der Züchter kann hier bei der Auswahl beraten.
❀ Spielzeug und Kauknochen
❀ Einen ersten Futtervorrat sollte man vom Züchter erhalten, da Futterumstellungen in den ersten Wochen zu Durchfällen führen können.

CHECKLISTE

Gefahren in der Wohnung
❀ Frei liegende Kabel entfernen
❀ Steckdosen absichern
❀ Topfpflanzen hochstellen
❀ offene Treppen/Balkons absichern

Gefahren im Garten
❀ Ausbruchsichere Umzäunung
❀ Keine Giftpflanzen
❀ Keine Pestizide oder Herbizide anwenden
❀ Scharfe oder spitze Gartengeräte wegräumen

Vorführleine

DER AUFWAND FÜR EINEN YORKIE		
	einmalig	jährlich
Kaufpreis	ca. 1200–1500 DM (ca. 612–765 €)	
Grundausstattung	ca. 200–300 DM (ca. 102–153 €)	
Impfungen		ca. 100 DM (ca. 51 €)
Hundesteuer		ca. 100–240 DM (ca. 51–122 €)
Haftpflichtversicherung		ca. 200–250 DM (ca. 102–128 €)

Der Einzug ins neue Heim

> **TIPP** Hunde, die Autofahren gewöhnt sind, sollten selbstverständlich in einer Transportbox reisen. Bei Unfällen haben sie so eine gute Chance, unverletzt zu bleiben und können dann auch schnell und sicher aus dem Auto herausgeholt werden.

Die Abgabe ist für einen Welpen wohl der größte Einschnitt seines Lebens. Gerade hat er die Welt kennen und erfassen gelernt. Er hat sich darauf eingestellt und plötzlich wird ihm alles genommen, was ihm vertraut war: die Mutter, die Geschwister, der Züchter und sein gesamtes Umfeld! Wir müssen ihn behutsam an seine neue Umgebung gewöhnen und er muss diese von sich aus und in der von ihm gewählten Geschwindigkeit kennen lernen. Er sollte in seiner Schlafhöhle in einen abgegrenzten Raum gebracht werden, den er gut überblicken kann. Nach einer gewissen Zeit kann man ihn zum Spiel

Eine Transportbox leistet auch später gute Dienste, wenn ein kranker Hund zum Tierarzt muss.

auffordern. Wir nehmen ihn aber nicht aus seiner Höhle heraus, er soll von sich aus den ersten Schritt tun. Bald wird er sich herauswagen und je nach Temperament spielen oder Schutz bei der ersten Person seines Vertrauens suchen.

Vermeiden Sie in den ersten Tagen Besucher, die sich Ihre Neuerwerbung ansehen wollen. Für den Kleinen ist es auch so schon aufregend genug und schließlich soll er auch wissen, zu wem er und wer zu ihm gehört.

Die erste Autofahrt

Meist ist es die Fahrt vom Züchter ins neue Heim. Das neue Herrchen oder Frauchen ist dabei meist mindestens so aufgeregt wie der kleine Autoneuling. Damit die erste Fahrt einen möglichst guten Eindruck bei Ihrem Welpen hinterlässt (das ist wichtig für sein späteres »Verhältnis« zum Auto), sollte er dabei am besten auf dem Schoß gehalten werden (dies ist jedoch keinesfalls der des Fahrers!). Für den Fall, dass die vorige Mahlzeit nicht den vorgesehenen Verdauungsweg einhält, legt man zur Sicherheit noch ein dickes Tuch unter den Welpen – es kuschelt sich dann auch besser. Die meisten Welpen schlafen dann auch sehr schnell ein, einige brauchen jedoch viel vertrauensstärkenden Zuspruch oder zärtliches Kraulen, um diese erste Herausforderung zu bewältigen.

Die erste Nacht

Die Nacht verbringt der Welpe in einer großen Kiste vor dem Bett, in der neben einer Schlafecke (am besten seine Höhle) etwas Futter und Wasser und eine Ecke mit ausgelegtem Zeitungspapier Platz finden. Mit 10 bis 12 Wochen (jünger sollte er bei der Abgabe nicht sein!) ist er kaum in der Lage, eine Nacht durchzuhalten, ohne sich lösen zu müssen. Für »wache Phasen« zwischendurch kann er einen Kauknochen angeboten bekommen. Wenn er weint, ist er mit einem Griff in die Kiste schnell zu trösten, ohne dass man aufstehen muss.

Muss er in den ersten Tagen für kurze Zeit allein gelassen werden, kann man ihn ebenfalls in seine Schlafkiste setzen. Dort kann er keinen Unfug anstellen und Pfützchen und Häufchen landen dann ebenfalls nicht auf dem Perserteppich.

> **WICHTIG**
>
> Wenn der Welpe nachts jammert, lassen Sie sich nicht erweichen, ihn zu sich ins Bett zu holen – Sie bekommen ihn nicht wieder heraus. Es ist zwar jedermanns eigene Entscheidung, ob der Hund im Bett schlafen darf oder nicht, aber kleine Welpen können herausfallen und sich ernstlich verletzen.

Ein Welpe kommt ins Haus

TIPP In der Flegelphase regelmäßig über den Tag verteilt kleine Unterordnungsübungen mit dem aufmüpfigen Junghund durchführen. Damit beugt man erfolgreich allzu großen Höhenflügen in der Machterprobung vor.

Auch wenn Sie es gut meinen, sollten Sie den kleinen Neuankömmling in den ersten Stunden im neuen Heim nicht überfordern. All die neuen Eindrücke muss er erst einmal verarbeiten. Sobald er sich eine Person seines Vertrauens ausgesucht hat (meist ist es die Person, die ihn auf der Fahrt gehalten und getröstet hat), sind die ersten Hürden schon genommen. Wichtig ist, dass von Anbeginn eine feste Tagesplanung eingehalten wird mit Zeiten, die ihm allein gehören (Fellpflege, Spielen, Füttern) und Zeiten, die das gemeinsame Familienleben regeln. Als untergeordnetes Rudelmitglied schätzt der Welpe klare Regeln – ein für ihn berechenbares Umfeld stärken Selbstvertrauen und Wohlbefinden.

Eingewöhnung eines erwachsenen Hundes

Für einen ausgewachsenen Hund ist die Umstellung in der Regel etwas leichter. Er hat schon als vollwertiges Mitglied in einer Familie gelebt und ist schon auf den Menschen als Bezugsperson fixiert. Sollen in der neuen Familie andere, für den Hund bisher ungewohnte Regeln gelten, muss man ihm von Anfang an klare Anweisungen geben und ihm keine »Schonfrist« gewähren. Die Umstellung wird für ihn umso leichter, je genauer er weiß, was er tun darf und was nicht. Im einen oder anderen Punkt wird er seine Gewohnheiten nicht aufgeben wollen, hier heißt es Kompromisse schließen. Das müssen Sie in Kauf nehmen, wenn Sie einen erwachsenen, bereits in seinem Charakter gefestigten Hund übernehmen.

WICHTIG

Welpen niemals allein auf erhöhten Plätzen (Sofa, Stuhl) zurücklassen. Bei dem Versuch herunterzukommen könnten sie sich ernsthaft verletzen.

Die Entwicklung vom Welpen zum Junghund

Nach ein paar Wochen hat sich der Welpe in unseren Tagesablauf hineingefunden und wir haben keine nennenswerten Probleme mehr mit ihm. Beim Spaziergang im freien Gelände entfernt er sich nicht allzu weit, das ändert sich jedoch schlagartig mit dem Eintritt in die Flegelphase, die bei jedem Junghund im Alter von 6 bis 8 Monaten beginnt. Jetzt möchte er seine Kräfte erproben. Wie ein Teenager kann er plötzlich bockig werden. Als Zeichen seines erwachenden

Selbstbewusstseins kann der so zuverlässig saubere Junghund zeitweise auch wieder unsauber werden. Hunde mit starkem Selbstbewusstsein werden es bei einem einmaligen Versuch, sich gegen uns aufzulehnen, nicht belassen. Wenn wir uns aber das Ruder nicht aus der Hand nehmen lassen, sind diese Krisen mit spätestens 15 Monaten endgültig überstanden.

Die äußeren Veränderungen vollziehen sich unmerklich. Das schwarze Baby-Wuschelhaar färbt sich vom Ansatz her langsam über hellgrau zum gewünschten stahlblauen Seidenhaar. Die angestrebte Bodenlänge erreicht das Haar jedoch nur mit optimaler Haartextur oder auf Grund spezieller Pflegemaßnahmen. Meist wird das Haar aufgrund der natürlichen Abnutzung nur halb- bis dreiviertelbodenlang.

Ab 4–5 Monaten fallen die spitzen Milchzähnchen aus und werden durch das bleibende Gebiss ersetzt. Achten Sie darauf, dass alle Milchzähne ausfallen. Sonst kann es zu Zahnfehlstellungen kommen.

Die Geschlechtsreife kann bei Rüden schon mit 5 bis 6 Monaten einsetzen, Hündinnen erfahren ihre erste Hitze als Zeichen der Geschlechtsreife ab 7, manchmal erst mit 13 Monaten.

In den ersten Wochen und Monaten ist die Betreuung des Welpen ein echter Full-Time-Job.

Miteinander auskommen

> **TIPP** Erste Kind-Hund-Kontakte müssen beaufsichtigt sein. Sehr schnell ereignen sich unbeabsichtigte Unfälle, die fatale Folgen haben können. Mit dem Hund darf nur gespielt werden, wenn das Kind dabei auf dem Boden sitzt, sodass der Hund weder fallen gelassen noch getreten werden kann.

Harmonie ist immer ein Geschäft auf Gegenseitigkeit. Damit das Zusammenleben stressfrei klappt, müssen sich alle Beteiligten, die Zweibeiner und der Vierbeiner, recht viel Mühe geben.

Kinder und Yorkies

Auch ein Yorkie lässt sich problemlos an Kinder gewöhnen. Damit das Zusammenleben für beide Seiten eine Bereicherung wird, sind jedoch einige Verhaltensgrundregeln von Anfang an zu beachten:

- Der Hund muss jederzeit die Möglichkeit haben, dem Kind auszuweichen oder sich zurückziehen zu können.
- Kinder sollten selbstverständlich Pflichten bei der Betreuung des Hundes übernehmen, wie Gassigehen, Füttern, Kämmen usw.
- Kleinere Kinder sollten ebenfalls einen natürlichen Umgang mit dem Hund haben, allerdings muss es ihnen absolut verboten sein, den Hund (insbesondere den Welpen) herumzutragen.
- Nur absolut leinenführige Hunde sollten von Kindern ausgeführt werden.
- Kinder sollten nicht willkürlich Erziehungsmaßnahmen am Hund ausüben dürfen. Sie haben noch nicht das Gespür für das angebrachte Strafmaß. Wenn das Spiel des Junghundes mit dem Kind zu grob wird, muss die Zurechtweisung allerdings vom Kind (unter Anleitung eines Erwachsenen) und nicht von unbeteiligten Erwachsenen ausgehen. Im Familienverband muss der Hund sich dem Menschen, auch dem Kind, unterordnen.

WICHTIG

Bei Erstbegegnungen mit neuen Haustieren muss der Besitzer jederzeit die Möglichkeit haben einzugreifen, falls es plötzlich zu Raufereien kommt. Bevor nicht ganz sichergestellt ist, dass die Tiere sich akzeptieren, dürfen sie nicht unbeaufsichtigt zusammen sein.

Ein kleiner Freund für ältere Menschen

Aufgrund seiner Größe ist der Yorkie für ältere Menschen als Partner geradezu prädestiniert. Durch sein lustiges Wesen hat er an sich schon einen großen Unterhaltungswert, darüber hinaus ist ein kleiner Hund das ideale »Medium« zum Anknüpfen von Kontakten. Für ältere und insbesondere behinderte Menschen, die meist auf die Hilfe anderer angewiesen sind, kann es sehr viel bedeuten, wenn sie durch ihren kleinen Hund das Gefühl erhalten, selbst gebraucht zu werden.

Yorkies und andere Haustiere

Bei einer Gewöhnung Hund/Hund oder Hund/Katze ist es immer umso einfacher, je jünger die Tiere sind und je weniger einer von beiden schon durch frühere Anwesenheit »Territorialansprüche« erhebt. Gleichaltrige Welpen wachsen problemlos miteinander auf.

Ist ein Tier schon älter und längere Zeit im Haus, kann es allerdings Schwierigkeiten mit der Gewöhnung geben. Bei Katzen ist es einfacher, zu einem Hund eine Katze dazuzukaufen als umgekehrt.

Grundsätzlich muss jede Gewöhnung langsam und unbedingt unter Aufsicht erfolgen. Der Neue darf keine Sonderzuwendung erfahren, darauf würde das Ersttier unweigerlich mit Eifersucht reagieren.

Eine Gewöhnung an größere Nagetiere (Kaninchen, Meerschweinchen) dürfte kaum Probleme bereiten, man toleriert sich.

Kleine Nagetiere (Hamster, Mäuse, Ratten) können nicht frei mit einem Yorkshire gehalten werden: Ihre Größe und schnellen Bewegungen lösen automatisch seinen Jagdinstinkt aus, gegen den er machtlos ist. Dasselbe gilt bei kleinen, frei fliegenden Vögeln.

INFO

Beim Zusammenleben verschiedener Tierarten ist auch der gesundheitliche Aspekt zu berücksichtigen. So können z. B. Reptilien oder Nagetiere Ausscheider von Bakterien sein, durch die sie selbst nicht krank werden, die jedoch bei einem Hund gefährliche Erkrankungen hervorrufen können.

WICHTIG

Wenn der Besitzer selbst nicht in der Lage ist, seinem Hund ausreichend Auslauf zu ermöglichen, muss jemand gefunden werden (Nachbarschaft, Inserate), der diese Pflicht übernimmt. Zwei »Erlebnisnachmittage« wöchentlich sind das Mindeste, was ein Yorkie für sein Wohlbefinden braucht!

Bei normal veranlagten erwachsenen Hunden genießen junge Hunde den Welpenschutz.

Mit Geduld und Konsequenz

Leider sind viele Hundebesitzer der Meinung, kleine Hunde müsse man nicht erziehen. Dabei sollte es für jeden Hundehalter ein »Muss« sein, seinem Tier eine solide Grunderziehung zu vermitteln. Letztendlich profitiert auch Ihr Yorkie davon: Sie können ihm mehr Freiheiten zugestehen, wenn auf ihn wirklich Verlass ist.

Eine fröhliche Rasselbande mit ihrem Herrchen: Über Langeweile und Mangel an Bewegung beklagt sich hier niemand.

Der Schlüssel zu einer erfolgreichen Hundeerziehung ist das Wissen um Wesen und Sozialverhalten des Hundes. Der Hund ist von Natur aus ein Meutetier und so gibt es für ihn nur zwei Entfaltungsmöglichkeiten: Entweder er ist Rudelführer und darf befehlen oder er ist untergeordnetes Meutemitglied und muss gehorchen. Im Zusammenleben mit dem Menschen nimmt dieser die Stellung des Rudelführers ein und der Hund hat sich grundsätzlich unterzuordnen. Aufgrund seiner Veranlagung ist dies für ihn natürlich und er empfindet es nicht als negativ.

Die Grundlagen

Der Hund hat kein Gefühl für Gut und Böse, er lernt auch nicht aus Überzeugung, sondern durch Erfahrung. Er sortiert immer nach »Das darf ich« und »Das darf ich nicht«, je nach unserer Reaktion (Lob, Tadel, Strafe) auf sein Tun. Feinere Unterteilungen lassen seine Fähigkeiten meist nicht zu. Indem wir unsere Befehle oft wiederholen, helfen wir ihm, sich diese einzuprägen. Konsequenz ist das oberste Gebot für eine erfolgreiche Erziehung des Hundes. Handeln wir inkonsequent, verunsichern wir ihn und erschweren oder verhindern damit Erfolge.

Die richtige Methode

> **TIPP** In den ersten Wochen der Grunderziehung sollten Sie immer einen kleinen Belohnungshappen griffbereit haben. Für Belobigungen dieser Art ist der Hund genauso empfänglich wie der Mensch.

Sanft und konsequent muss die Erziehung des Yorkies sein. Lob und Tadel haben nur dann einen Sinn, wenn der Hund Ihre Reaktionen mit seinen Taten in unmittelbaren Zusammenhang bringen kann.

Ein Lob motiviert jeden Hund

Loben wir den Hund, so ist das für ihn eine Bestätigung dafür, dass er etwas richtig gemacht hat. Da er von Natur aus bemüht ist, uns zu gefallen, wird ihn ein Lob dazu anspornen, zukünftig bei gleichen Situationen genau so zu handeln.

Der Hund hat sehr wohl ein Gespür dafür, wie sehr sein Verhalten unsere Zustimmung findet: Auf ein lobendes Wort reagiert er z. B. »nur« mit einem kurzen freudigen Schwanzwedeln. Je intensiver wir ihn loben, umso größer wird seine Freude sein. Sie kann sich bis hin zum wilden Freudentanz mit anschließendem Hundertmeterlauf steigern. So können wir schon allein mit Abstufungen unserer Lobesäußerungen eine erzieherische Wirkung erreichen.

Um von Anfang an eine gute Grundstimmung Ihres Hundes für Erziehung zu erreichen, müssen Sie ihm möglichst viele Gelegenheiten bieten, bei denen er gelobt wird. Wenn Sie Ihren Yorkie einmal tadeln mussten, sollten Sie ihm nach angemessener Frist eine Chance geben, sich wieder zu bewähren: Provozieren Sie eine Situation, die ein Lob ermöglicht, dann ist seine kleine Hundewelt wieder in Ordnung.

Ein Tadel muss sofort erfolgen

> **WICHTIG** Wenn Sie Ihren Yorkie ausschimpfen, achten Sie darauf, dass er Ihnen dabei in die Augen sieht. Notfalls fixieren Sie seinen Kopf mit einem Griff ins Barthaar.

Dabei drücken wir unser Missfallen mit Gesten oder Worten aus. Stellen Sie dabei sicher, dass ihm genau bewusst ist, wofür dieser Tadel erfolgt. An unserem Tonfall und einem deutlichen »Pfui« merkt der Hund sehr schnell, dass er sich falsch verhalten hat. Deutliches Zeichen dafür, dass der Tadel angekommen ist, ist ein Zurückklappen der Ohren. Wenn sich Ihr Hund nach einer Standpauke beleidigt in sein Körbchen zurückzieht, laufen Sie ihm nicht nach (auch kein anderes Familienmitglied darf ihn dann mitleidsvoll an sich drücken!), er kommt von selbst wieder.

Mit Strafen sparsam umgehen

Sie sind angebracht, wenn der Hund bekannte Verbote missachtet oder sich durch sein Verhalten in eine für ihn gefährliche Situation gebracht hat. Strafen müssen also ganz speziellen Anlässen vorbehalten bleiben. Nur dann prägt sich die Situation unauslöschlich im Gedächtnis des Hundes ein und er wird versuchen, sie künftig zu vermeiden.

Die effektive Form von Strafe ist ein fester Nackengriff, leichtes Schütteln dabei ist vertretbar, keinesfalls sollte der Hund jedoch dabei vom Boden abgehoben werden. Eine Strafe darf nie so hart sein, dass der Hund im Schreck darüber den Anlass vergisst, dann nämlich wäre der Zweck gänzlich verfehlt. Ein leichter Klaps mit der Zeitung ist nur dann sinnvoll, wenn er so unmittelbar verabreicht werden kann, dass der Hund ihn noch mit der Missetat in Verbindung bringt. Ansonsten ist ein direkter Klaps mit der Hand effektiver. Die Behauptung, dass ein Hund davon handscheu wird, hat sich bei mir nach 20-jähriger Hundehaltung bis heute nicht bestätigt.

> **INFO**
>
> Ein unbeherrscht gestrafter Hund, für den nicht nachvollziehbar ist, warum er bestraft wurde, verliert das Vertrauen und fürchtet den Menschen an sich. Es macht dann keinen Unterschied, ob er den Klaps mit der Hand oder der Zeitung bekommen hat.

Leckerlis als Belohnung erhalten die Freundschaft und unterstützen die täglichen »Schulstunden«.

Was der Hund lernen muss

> **TIPP**
> Bleibt das Gassi-gehen erfolglos, sperren Sie Ihren Yorkie für einige Zeit in seine Transportbox, um ihn dann wieder direkt nach draußen zu führen. Hat er draußen sein Geschäft erledigt, darf er für einige Stunden frei in der Wohnung laufen. Der Hund wird die Zusammenhänge schnell begreifen und so bekommt man auch den hartnäckigsten Fall stubenrein.

Der »Unterricht« beginnt am ersten Tag. Das fällt dem Besitzer meistens schwerer als dem Welpen, weil der Winzling doch so niedlich ist. Bleiben sie »hart«. Grundlage jeder Erziehung ist es, den Spieltrieb des jungen Hundes sinnvoll zu nutzen.

Stubenreinheit

Welpen, die bei einem Züchter in der Wohnung aufwachsen durften, sind diesbezüglich schon sehr gut vortrainiert. Meist sind sie an Zeitungspapier oder Katzentoiletten gewöhnt und sie wissen auf jeden Fall, dass man nicht überall »darf«, wo man gerade steht. Anfangs legen wir für einen solchen Welpen die Zeitungen recht großflächig aus, um ihm die Richtungsfindung in der neuen Umgebung zu erleichtern. Nach und nach reduzieren wir die Zeitungsfläche und schließlich belassen wir nur noch die Katzentoilette in der Ecke, die er bevorzugt aufsucht. Möchten Sie dem Kleinen gleich angewöhnen, nur draußen sein »Geschäft« zu erledigen, dann nehmen Sie ihn sofort hoch, wenn er sich in eindeutiger Absicht seiner Ecke nähert, und setzen ihn draußen auf den gewünschten Platz. Bei einem sehr zeitungssicheren Welpen kann es sein, dass Sie ihm zu Anfang auch draußen eine Zeitungsfläche anbieten müssen. Welpen ohne jede Sauberkeitserziehung machen erheblich mehr Mühe. Hier hilft nur ständiges Beobachten. Meist wird ein »Geschäftchen« nach längerem Schlafen oder kurz nach einer Mahlzeit fällig. Entweder Sie bringen ihn dann sofort hinaus oder Sie warten, bis er eine gewisse Unruhe zeigt und intensiv auf dem Boden nach einem geeigneten Platz schnüffelt. Dreht er sich erst einmal im Kreis, ist es meist schon zu spät.

Unsauberkeit beim erwachsenen Hund

Erwachsene Hunde, die unsauber sind, stellen ein echtes Problem dar. Sie sind nämlich viel raffinierter und haben es ziemlich schnell heraus, dass der Tadel unterbleibt, wenn die Missetat heimlich erfolgt. Generell ist jeder Hund zur Stubenreinheit zu erziehen. Wie schnell wir das erreichen, hängt nicht von ihm, sondern in erster Linie von uns ab. Genaue Beobachtung, Konsequenz und das Zurückstellen anderer Erledigungen für die Zeit, bis er sauber ist, sind die wichtigsten Voraussetzungen für einen schnellen Erfolg.

Er darf nicht betteln

Reichen Sie ihm deshalb nie etwas vom Tisch, während Sie essen. Dann wird er sich lästiges Betteln gar nicht erst angewöhnen. Zwar kann er seine Mahlzeiten gleichzeitig mit der Familie einnehmen, aber immer vom Boden und aus einem Napf. Ist er damit fertig und möchten Sie ihm noch eine Extraportion zugestehen, dann bekommt er sie ebenfalls nicht vom Tisch, sondern wieder aus seinem Napf.

Er darf nicht klauen

Was auf dem Tisch liegt, muss für Ihren Yorkie tabu sein. Hat er sich unerlaubterweise doch einmal etwas genommen, lächeln Sie nicht darüber, auch wenn manche Situationen dazu verführen. Nehmen Sie ihm seine Beute wieder ab und schimpfen Sie mit ihm. Manchmal muss man entsprechende Gelegenheiten provozieren, um den Hund zu trainieren. »Vergessen« Sie ruhig einmal einen erreichbaren Leckerbissen und beobachten Sie, wie sich Ihr Vierbeiner verhält.

> **WICHTIG**
>
> Wenn Sie nicht wollen, dass Ihr Yorkie bestimmte Dinge tut (z. B. im Bett schlafen oder auf Stühlen sitzen), dann verbieten Sie es ihm von Anfang an und auch in jeder Situation. Setzen Sie ihn sofort mit einem »Pfui!« hinunter, wenn Sie ihn dabei erwischen.

Der Einkaufskorb sollte schnell in Sicherheit gebracht werden, bevor der »Dieb« ihn durchstöbert.

Die Grundschule

WICHTIG

Ankläffen und (im Anfang spielerisches) Angreifen größerer Hunde sollten Sie strikt verbieten, denn die Antwort eines großen Gegners, der in solchen Dingen keinen Spaß versteht, kann für Ihren Liebling tödlich sein.

Ein Yorkie soll keinesfalls das Lernprogramm eines Schutzhundes absolvieren. Doch das kleine Energiebündel muss einige Regeln lernen, sonst entwickelt sich ein kleiner Hund schnell zur Nervensäge.

Kläffen und Zuschnappen

Trotz aller Begeisterung für die Rasse muss man sich eingestehen, dass der Yorkie einen Hang zum Kläffen und Raufen hat. Aber man kann ihn so steuern, dass sich sein Bellen auf bestimmte Situationen beschränkt. Die erste »Fehlprogrammierung« durch den Besitzer erfolgt meist unbewusst schon beim ganz kleinen Welpen, wenn Herrchen das erste Kläffen »süß« findet. Unterbrechen Sie Spiele, wenn der Welpe dabei zu laut wird. Erst wenn er sich wieder beruhigt hat, geht es weiter. Verwenden Sie den Befehl »Aus!«, wenn er anhaltend bellt. Bei Nichtbeachtung umschließen Sie mit Ihren Fingern seinen Fang.

Beim spielerischen Raufen kann es passieren, dass der Welpe seine Grenzen überschreitet und stärker »zufasst«, als uns lieb ist. Hier heißt es ebenfalls sofort mit dem Spiel aufhören. Mit kleinen Zerrspielen können Sie trainieren, seine Rauflust unter Kontrolle zu bekommen.

TIPP

Vielleicht findet sich für die ersten Spaziergänge ein passender Hund aus der Nachbarschaft. Ihr Welpe wird diesem automatisch hinterherlaufen und dann die Leine überhaupt nicht bemerken. Eine andere Ablenkung können auch kleine Leckerbissen sein.

Leinenführigkeit

Für manche Welpen ist die Leine der pure Albtraum! Hier einige Tipps, wie Sie Ihren kleinen Liebling am leichtesten damit vertraut machen:

- ❧ Uhrenarmbänder gewöhnen ihn schonend an das Gefühl, etwas um den Hals zu tragen.
- ❧ Legen Sie ihm vor angenehmen Situationen (Spielstunde, Füttern) die Leine um. Das fördert eine positive Einstellung.
- ❧ Bevor Sie ihn zum ersten Mal an der Leine ausführen, sollte er in der Wohnung schon einigermaßen frei damit laufen.
- ❧ Den ersten Spaziergang unternehmen Sie besser nicht in einer belebten Straße, sondern etwas abseits.
- ❧ Wenn er stehen bleibt, nicht an der Leine zerren, sondern versuchen, ihn mit Worten und Loben herzulocken.

❀ In den ersten Tagen können Sie ruhig Ihren Welpen die Richtung bestimmen lassen. Vermitteln Sie ihm nicht den Eindruck, dass die Leine ihn in seiner Bewegungsfreiheit behindert.

Unterordnung

Bei der Erziehung ist Konsequenz oberstes Gebot. Damit aus Ihrem Yorkie ein folgsamer Hund wird, sollten Sie folgende Regeln beachten:

❀ Haben Sie ihm ein Kommando gegeben, muss er es unter allen Umständen ausführen. Bleiben Sie konsequent, sonst ist es mit dem Respekt schnell vorbei.

❀ Trainieren Sie nicht zu lange, mit einem jungen Hund nicht länger als etwa 5 Minuten. Schließlich können Sie die Übungszeit auf bis zu 20 Minuten ausdehnen. Zeigt der Hund Anzeichen von Ermüdung, dann müssen Sie nach Ausführung des Kommandos sofort aufhören.

❀ Beginnen Sie mit den ersten Übungen an einem Ort, an dem der Hund durch nichts abgelenkt ist.

Oft protestieren junge Hunde gegen den lästigen Leinenzwang, indem sie sich einfach hinsetzen.

»Komm!«

Die Bedeutung dieses Kommandos können Sie schon dem Welpen in der Wohnung beibringen. Wenn der Kleine von sich aus auf Sie zuläuft, ermuntern Sie ihn, indem Sie mehrmals »Komm!« sagen. Hat er Sie erreicht, begrüßen Sie ihn stürmisch. Er wird dann ganz automatisch das Kommen mit einem freudigen Begrüßtwerden in Verbindung bringen

Als Nächstes üben Sie mit ihm im Freien. Befestigen Sie dazu eine lang ausrollbare Flex-Leine (Zoofachgeschäft) an seinem Halsband. Hat sich Ihr Yorkie ein Stück weit entfernt, rufen Sie ihn mit »Komm!« zurück. Gehorcht er, loben Sie ihn ausgiebig und geben ihm einen kleinen Leckerbissen. Kommt er nicht, rucken Sie an der Leine. Wiederholen Sie das Kommando, wenn er Sie anschaut. Gehorcht er immer noch nicht, drehen Sie sich um und gehen langsam von ihm weg (niemals entgegen!). Jetzt wird er es sehr eilig haben, Ihnen nachzulaufen. Wenn er ankommt, begrüßen und loben Sie ihn. Falls er keinerlei Anstalten macht, Ihnen zu folgen, ziehen Sie ihn langsam zu sich her, bis er Sie erreicht hat. Auch jetzt müssen Sie ihn loben. Diese Übung sollten Sie bei jedem Spaziergang ein- oder mehrmals wiederholen.

»Sitz!«

Die Bedeutung dieses Kommandos müssen Sie Ihrem Yorkie erst klarmachen, indem Sie ihn durch Hinunterdrücken seines Hinterteils in die Position »Sitz!« bringen und das Kommando dabei oft wiederholen. Natürlich wird er sofort wieder aufstehen wollen, dann müssen Sie ihn jedes Mal wieder hinunterdrücken, »Sitz!« sagen und ihn im Anschluss loben. Wenn er sitzen bleibt, belohnen Sie ihn mit einem kleinen Leckerbissen. Beenden Sie die Übung mit dem Kommando »Auf!« oder »Hoch!« (das wird er bestimmt spontan befolgen). Nach einigen Minuten können Sie das Ganze wiederholen.

Das Kommando »Sitz!« hat jeder Yorkie innerhalb weniger Tage begriffen. Nun können Sie die Übung erweitern: Sie führen Ihren Yorkie an der Leine, bleiben plötzlich stehen und sagen »Sitz!«; die Leine dabei etwas nach hinten ziehen, damit er nicht vor, sondern neben Ihren Füßen zum Sitzen kommt. Gehorcht er nicht, drücken Sie ihn in

> **WICHTIG**
> Lassen Sie den Hund im freien Gelände erst von der Leine, wenn er das Kommando »Komm!« zuverlässig befolgt.

Mit der Übung »Sitz« hat man meistens wenig Probleme. Sie muss mit und ohne Leine klappen.

Höhe Ihrer Füße neben sich in die richtige Position und loben ihn. Endgültiges Ziel ist es, dass sich Ihr Yorkie auch ohne den ausdrücklichen Befehl immer hinsetzt, sobald Sie stehen bleiben.

»Platz!«

Um Ihrem Yorkie die Bedeutung von »Platz!« klarzumachen, heben Sie aus der Sitzstellung seine Vorderläufe leicht an und drücken seinen Oberkörper nach unten, bis er die korrekte »Platz!«-Position einnimmt, dann sagen Sie »Platz!«.

Wenn der Hund das Kommando nach einigen Tagen gut kennt, können Sie versuchen, ihn mit dem Kommando »Platz!« abliegen zu lassen. Dann entfernen Sie sich langsam von ihm und blicken ihm dabei immer in die Augen. Sobald er sich erheben möchte, halten Sie ihn mit »Platz!« in Stellung. Entfernen Sie sich anfangs nur ein ganz kleines Stück, um ihm ein Erfolgsgefühl zu vermitteln. Von Übung zu Übung können Sie den Abstand dann vergrößern. Beenden Sie die Übung mit »Komm!« und Ihr Yorkie wird begeistert zu Ihnen stürmen.

> **TIPP** Bleibt Ihr Hund nicht in Platz-Stellung, während Sie sich entfernen, tadeln Sie ihn mit »Pfui« und lassen ihn an der ursprünglichen Stelle mit »Platz!« wieder abliegen. Mit entsprechender Gestik (ausgestreckter Zeigefinger weist auf den Boden) erhöhen Sie seine Aufmerksamkeit und dies verhilft meist zu schnellerem Erfolg.

Es ist wichtig, dass der Hund die Übung »Platz« beherrscht und diese Position auch beibehält.

Winzlinge mit großen Ansprüchen

Auch für den Hund gilt in erster Linie: Er ist, was er isst. Ausgewogene Ernährung legt den Grundstein für ein gutes äußeres Erscheinungsbild. Bewegung in frischer Luft regt den Stoffwechsel an. Ausgiebige Fell- und Körperpflege geben Ihrem Yorkie noch den letzten Schliff.

Nur ein gesunder Hund ist auch ein hübscher Hund. Artgerechte Ernährung und regelmäßige Pflege sind die Voraussetzungen.

Prinzipiell kann man einen Yorkie aufgrund seiner geringen Größe in einer kleinen Wohnung halten. Auch hier findet er gute Möglichkeiten, überschüssige Energie loszuwerden. Dies bedeutet jedoch nicht, dass es damit getan wäre. Mindestens einmal täglich sollte man ca. 1 Stunde lang mit ihm spazieren gehen, am besten ohne Leine und zusammen mit einem oder mehreren anderen Hunden, sodass er sich richtig austoben kann. Wenn wir ihm dies ermöglichen, dürfen seine restlichen drei bis vier täglichen Gassirunden relativ kurz und bescheiden ausfallen. Der Yorkie ist ein Hund, der auch Wind und Wetter nicht scheut.

Jeder Spaziergang ist ein Abenteuer

Beim Spaziergang geht es dem Yorkie auch nicht nur um die Befriedigung seines Bewegungsdranges. So wie der Mensch sich hauptsächlich mit Hilfe seiner Augen orientiert, lebt der Hund vorwiegend in einer Welt von Gerüchen. Als territoriales Rudeltier hat er das nicht unterdrückbare Bedürfnis, seine Umwelt und insbesondere sein Wirkungsgebiet über seinen Hauptsinn wahrzunehmen. Es ist Bestandteil einer artgerechten Haltung, dass wir dem Hund ermöglichen, seine angeborenen Fähigkeiten und Instinkte voll auszuleben.

> **TIPP** Schon um dem Hund eine freie Sicht zu ermöglichen, sollten Sie das Schopfhaar nicht einfach lang herunterhängen lassen. Darüber hinaus würden die Haare das empfindliche Auge irritieren – Bindehaut- oder Hornhautentzündungen und Tränenfluss wären die Folge.

Körperpflege muss sein

Das lange Haar allein macht den Yorkie schon recht pflegeintensiv. Sein überschäumendes Temperament und seine Stöberlust vereinfachen darüber hinaus diese Angelegenheit nicht gerade. Sie werden daher nicht umhin können, für die Pflege Ihres Lieblings täglich einen Zeitaufwand von ca. einer halben bis einer Stunde aufzubringen. Ein nachlässig gepflegter Hund ist nicht nur eine Frage der Ästhethik, sondern es können sich für ihn unangenehme Empfindungen bis hin zu Schmerzen oder Leiden aus einem solchen Zustand ergeben. Wenn sich herausstellt, dass Sie mit der Haarpflege nicht zurechtkommen, dann lassen Sie Ihrem Yorkie lieber einen Kurzhaarschnitt verpassen. Dem Hund ist damit auf jeden Fall besser geholfen und es kann sogar ganz pfiffig aussehen.

Kämmen und Bürsten

Leider machen viele Yorkie-Besitzer den Fehler, ihren Hund nicht bereits im Welpenalter an die später notwendigen Pflegemaßnahmen zu gewöhnen. Auch wenn es beim Welpen nicht unbedingt erforderlich ist, sollten Sie ihn trotzdem jeden Tag kurz durchkämmen. Die Bürstenstriche sind dabei wie Streicheleinheiten einzusetzen, damit der Kleine sie als angenehm empfindet. Anfangs können Sie ihn auf dem Schoß bürsten, aber gewöhnen Sie ihn bald daran, dass er sich während des Kämmens und Bürstens in Rücken- und Seitenlage bringen lässt, damit Sie es später einfacher haben.

Sie sollten es sich zur Gewohnheit machen, den Yorkie jeden Abend gründlich durchzubürsten und anschließend zu kämmen, bis Sie den Kamm ohne hängen zu bleiben durch das gesamte Fell ziehen können. Besonders leicht verfilzen das Bauchhaar und die Regionen hinter Ellenbogen und Ohren. Kleine Filzknötchen nicht einfach herausschneiden oder -reißen, sondern möglichst schonend entwirren und aufbürsten. Abgeschnittenes Deckhaar braucht fast ein Jahr, bis es wieder auf die Länge des restlichen Haares nachgewachsen ist, da lohnt sich ein wenig Einsatz durchaus. Wenn Sie das Schopfhaar lang lassen und aufbinden, sollten Sie auch mindestens einmal täglich den Schopf neu hochbinden.

Ein Yorkie wird täglich gekämmt und gebürstet.

Ab und an ein Vollbad

In gewissen Abständen (etwa alle 3 Monate) und darüber hinaus bei »aktuellem Bedarf« muss der Yorkie gebadet werden, denn das lange Haar nimmt sehr viel Schmutz auf. Verwenden Sie stets Produkte ausschließlich für den Hund. Es ist anzuraten, die einzelnen Produkte aus einer Pflegeserie zu kaufen, denn sie sind passend aufeinander abgestimmt.

Ein größeres Waschbecken ist für ein Yorkie-Vollbad völlig ausreichend. Bevor Sie den Hund nass machen, müssen Sie den Scheitel auf dem Rücken nachziehen. Ein Tropfen Salatöl in jedes Auge verhindert Reizungen durch Shampoo. Das Wasser sollte handwarm sein. Um auch die letzten Schmutzrückstände zu entfernen, ist zweimaliges Shampoonieren notwendig. Dabei vorsichtig einmassieren, damit der Scheitel erhalten bleibt und das Haar nicht allzu sehr durcheinander gebracht wird. Eine Spülung, die die Kämmbarkeit verbessert, ist dringend zu empfehlen. Danach müssen Sie das Haar sehr gründlich abspülen, um alle Rückstände zu entfernen.

> **WICHTIG**
>
> Nach Wiesen- und Waldspaziergängen sollten Sie das Fell Ihres Yorkies nach Kletten, kleinen Ästchen und Ähnlichem durchsuchen. Alles, was sich in seinem langen Haar verheddert, kann nämlich schnell zur Filzbildung führen.

> **TIPP**
>
> Lassen Sie sich nicht durch den etwas höheren Preis von besseren Produktserien abschrecken. Aus eigener Erfahrung kann ich sagen, dass der Unterschied im Pflegeaufwand gegenüber Billigprodukten wirklich erheblich ist und sich die täglichen Pflegezeiten deutlich verkürzen.

Im langen Haar des Yorkies bleibt viel Schmutz hängen. Alle paar Wochen muss er gebadet werden.

Trocknen wie beim Friseur

Nach dem Baden das Wasser zuerst mit den Händen so gut wie möglich aus dem Haar drücken und dann den gleichen Vorgang mit einem trockenen Handtuch oder leicht feuchtem Fensterleder wiederholen. Auf keinen Fall rubbeln. Stellen Sie den Föhn nicht zu heiß und nicht zu stark ein, sonst wird alles durcheinander geweht und die Haut trocknet zu sehr aus. Bürsten dürfen Sie erst, wenn das Haar fast trocken ist, sonst bricht es. Halten Sie die zu bürstende Haarsträhne in der einen Hand zwischen Daumen und Zeigefinger nahe der Haut fest, dann zieht es nicht. Arbeiten Sie am Schluss in der gleichen Weise mit dem Kamm nach.

Bei kaltem Wetter sollten Sie mindestens 1 Stunde warten, bevor Sie Ihren Hund wieder ins Freie lassen.

Ohrenpflege

Bei Bedarf reinigen Sie den sichtbaren Ohrmuschelbereich mit einem in Öl getauchten Wattestäbchen. Dabei werden Verunreinigungen mit rollenden Bewegungen abgehoben, keinesfalls dürfen Sie Fremdkörper oder Ohrenschmalz in den Gehörgang drücken.

Krallenpflege

Werden die Krallen nicht genug abgenutzt, müssen sie mit einer Spezialzange gekürzt werden.

Sind die Krallen zu lang geworden, was bei Auslauf auf weichem Boden durchaus vorkommen kann, dann können Sie die Spitzen mit einer Nagelfeile abraspeln oder mit einer Krallenschere kürzen.

CHECKLISTE PFLEGEUTENSILIEN

- Drahtbürste (ohne Noppen an der Spitze)
- Naturborsten-Bürste
- Metallkämme (grob und fein)
- Krallenschere oder Nagelfeile
- Haarshampoo
- Spülung zur leichteren Kämmbarkeit
- Föhn
- Spange für Schopfhaar
- Zahnbürstchen
- Wattestäbchen

Pfotenpflege

Die Haare zwischen den Ballen sollten Sie vor allem im Winter sorgfältig herausschneiden. An ihnen bilden sich gern Eisklümpchen, die dem Hund beim Laufen erhebliche Schmerzen bereiten können. In den Sommermonaten schneidet man nur die Haare um die Pfoten rundherum kurz. Die Ballenhaare schützen die Pfoten nämlich vor heißem Untergrund. Bei Yorkies, die zu trockenen Ballen neigen, kann vor dem Spaziergang etwas Vaseline als Schutz (Winter und Sommer) aufgetragen werden.

Zahnpflege

Wie alle kleinen Hunde sind auch viele Yorkies anfällig für Zahnsteinbildung. Füttern Sie regelmäßig (ein- bis zweimal wöchentlich) Trockenfutter oder Knochen. Beides poliert die Zähne. Gründliches Zähneputzen etwa einmal wöchentlich mit einem Wimpernbürstchen oder einer Babyzahnbürste und einer milden Zahncreme mit aufgestreuter Schlämmkreide (Apotheke) hilft zusätzlich, das Gebiss so lange wie möglich sauber und gesund zu erhalten.

TIPP Um Welpen an das Zähneputzen zu gewöhnen, zunächst Leberwurst an Stelle von Zahncreme auf die Zahnbürste geben. Während der Zeit des Zahnwechsels fällt das Zähneputzen aus (geschwollenes, schmerzendes Zahnfleisch).

Eifriges Nagen an Kauknochen aus Büffelhaut vermindert die Zahnsteinbildung.

Die richtige Ernährung

> **WICHTIG**
>
> Niemals rohes Schweinefleisch verfüttern! Ein Virus bei Schweinen verursacht die Aujeszkysche Krankheit (Pseudowut), die beim Hund immer tödlich verläuft. Die Symptome ähneln denen der Tollwut. Für den Menschen ist die Krankheit nicht ansteckend.

Der Hund ist von Natur aus ein Jäger. Seine Vorfahren haben sich von Beutetieren ernährt, die sie mit Haut und Haaren verschlangen. Sie haben also neben Fleisch, Innereien und kleinen Knochen auch deren gesamten Mageninhalt (Samen, Beeren, Gräser usw.) gefressen. Der Verdauungstrakt des Hundes ist auch heute noch auf diese Futterzusammensetzung eingestellt.

- **Eiweiß:** In Fleisch (alle Sorten, aber immer gekocht!), Fisch, Milchprodukten (Quark, Käse) oder Pflanzen (Soja usw.) ist Eiweiß enthalten. Eiweißmangel äußert sich in erhöhter Infektionsanfälligkeit und in einem Mangel an Kondition.
- **Fett:** Hauptsächlich in Form von gesättigten Fettsäuren aus tierischen Fetten ist Fett der größte Energielieferant mit dem höchsten Nährwert. Aber auch ungesättigte Fettsäuren (enthalten in Pflanzenölen) braucht der Hund in geringen Mengen, um gesund zu bleiben. Zu viel Fett im Futter verursacht Durchfall und Überge-

Ein guter Appetit ist ein Zeichen für Wohlbefinden. Hunde leeren ihren Napf meist in Windeseile.

wicht. Zu wenig Fett führt zu Störungen in der Verarbeitung der fettlöslichen Vitamine. Es kann zu Hauterkrankungen und schlechtem Fellwachstum kommen.

☙ **Kohlenhydrate:** Sie kommen vor allem in Reis, Hirse, Grieß oder Getreideprodukten wie z. B. Vollkornnudeln vor und dürfen in einem ausgewogenen Hundefutter nicht fehlen. Sie enthalten zudem unverdauliche Bestandteile (Ballaststoffe), die für eine gute Verdauung unentbehrlich sind.

Kohlenhydrat- und stärkehaltige Nahrungsmittel müssen erhitzt werden, da der kurze Verdauungstrakt des Hundes diese in roher Form nicht auswerten kann (beim Beutetier sind diese Bestandteile bereits vorverdaut). Im Handel erhältliche Hundeflocken haben eine entsprechende Vorbehandlung bereits erfahren und können dem Hundefutter direkt beigemengt werden.

> **TIPP** Kleine Unpässlichkeiten lassen sich leicht über das Futter regulieren: Ist der Kot zu fest, hilft meist eine Extraportion Fett. Bei dünnerem Stuhl helfen Kalbsknochen und Knorpel. Auf keinen Fall dürfen Sie allerdings Geflügelknochen oder Kotelettknochen verfüttern. Hier besteht die Gefahr, dass sie splittern.

Vitamine dürfen nicht fehlen

Ein weiterer wichtiger Bestandteil der Nahrung sind Vitamine. Sie sind für Tiere ebenso wichtig wie für Menschen.

☙ **Vitamin A:** fettlöslich, Vorkommen in Fleisch, Eigelb, Leber. In Blattgemüse, Möhren oder Paprika ist reichlich Carotin enthalten, aus dem der Hund Vitamin A bilden kann. Vitamin-A-Mangel verursacht Hautveränderungen, Schleimhautentzündungen und Augenerkrankungen. Vitamin-A-Überschuss verursacht Überempfindlichkeit der Haut, Schwäche in den Gliedmaßen und Leberschäden.

☙ **Vitamin-B-Gruppe:** wasserlöslich, Vorkommen in Fleisch, Leber, Hefe. Vitamin-B-Mangel verursacht Haarausfall, verminderte Magensaftsekretion, Appetitmangel, Herzerweiterung/-insuffizienz, Störungen bei der Blutbildung und Nervenleitung.

☙ **Vitamin C:** wasserlöslich, der Hund ist nicht auf die Zufuhr von Vitamin C angewiesen, es kann von ihm selbst gebildet werden.

☙ **Vitamin D:** fettlöslich, Vorkommen in Milch, Käse und tierischen Fetten. Vitamin-D-Mangel verursacht Störungen im Knochenaufbau (Rachitis). Vitamin-D-Überschuss verursacht Kalkablagerungen in Herz, Lunge und Nieren.

☙ **Vitamin E:** fettlöslich, Vorkommen in Haferflocken und Margarine. Vitamin-E-Mangel verursacht Fruchtbarkeitsstörungen und Muskelschwäche.

Hundekuchen gibt es in großer Auswahl, mit und ohne Fleischanteil.

Dose, Tüte oder Kochtopf

TIPP Füttern Sie Ihren Yorkie möglichst zu festen Zeiten und entfernen Sie übrig gelassenes Futter, außer es handelt sich um Trockenfutter, nach spätestens einer halben Stunde.

Erhält Ihr Yorkie Fertigfutter, dann hängt die Futtermenge vom Nährwert der verwendeten Sorte ab. Richten Sie sich am besten nach den Angaben auf der Packung. Bereiten Sie das Futter selbst zu, dann rechnen Sie für einen ausgewachsenen Yorkie etwa 3 Esslöffel. Wird der Napf innerhalb weniger Minuten geleert, können Sie noch etwas nachgeben. Welpen und Junghunde erhalten pro Mahlzeit weniger, dafür aber:

🐾 bis zum 4. Monat 5 Mahlzeiten,
🐾 bis zum 6. Monat 3 Mahlzeiten,
🐾 bis zum 12. Monat 2 Mahlzeiten,
🐾 ab dem 13. Monat nur noch eine Mahlzeit am Tag.

Ich halte es jedoch für sinnvoll, dem Hund stets eine kleine Schüssel mit Trockenfutter zur Verfügung zu stellen, damit er sich nach Lust und Laune bedienen kann. Das gilt allerdings nicht für Hunde, deren Lieblingsbeschäftigung das Fressen zu sein scheint und die zum Dickwerden neigen.

Eigener Herd

TIPP Auch wenn Sie Ihrem Hund das Futter grundsätzlich selbst zubereiten, sollten Sie ihm zwischendurch regelmäßig Fertigfutter anbieten, um ihn daran zu gewöhnen. So können Sie ihm z. B. im Urlaub jederzeit problemlos Futter beschaffen.

Selbstverständlich können Sie Ihrem Yorkie das Futter selbst zubereiten. Bei der Zusammenstellung müssen Sie allerdings auf die notwendige Ausgewogenheit achten. Für die optimale Ernährung des erwachsenen Hundes sollten Sie folgende Futterzusammensetzung einhalten: Gut $1/3$ Fleisch, knapp $1/3$ Gemüse und $1/3$ Reis (bzw. andere Getreideprodukte oder Vollkornnudeln).

Hunde, die sich noch im Wachstum befinden, erhalten zur Hälfte Fleisch, gut $1/4$ Reis und knapp $1/4$ Gemüse.

Fleisch und Reis können zusammen gekocht werden. Gemüse (kleingeraspelt oder geschnitten) wird roh unter den heißen Reis gemischt, damit die Vitamine weitestgehend erhalten bleiben.

Es ist nicht notwendig, dass Sie den Hund jeden Tag bekochen. Rationeller ist es, größere Portionen auf einmal zuzubereiten und sie dann in Tagesrationen aufzuteilen und einzufrieren. So haben Sie ohne großen Aufwand immer schnell etwas zur Hand.

Fertigprodukte

Dem Hundehalter steht heute eine reiche Palette an Fertignahrung zur Auswahl. Da die Konkurrenz auf dem Markt sehr groß ist, sind die führenden Marken in der Qualität fast gleichwertig und wir können den Geschmack des Hundes entscheiden lassen.

Dosenfutter vertragen manche Hunde schlecht. Sie reagieren darauf mit Durchfällen. In diesem Fall sollten Sie nicht unnötig experimentieren, sondern zu einem Trockenfutter übergehen.

Leckereien

Es spricht nichts dagegen, dass Sie Ihren Hund ab und an verwöhnen. Allerdings sind Süßigkeiten denkbar ungeeignet und ungesund (Gebiss). Die Futtermittelindustrie bietet eine reiche Auswahl an »Verwöhnungshäppchen«, die Sie unbedenklich verfüttern können, solange sich die Mengen in einer Größenordnung bewegen, die tatsächlich die Bezeichnung »Futterzusatz« verdient.

> **WICHTIG**
>
> Sie müssen Ihrem Hund unbedingt jederzeit frisches Wasser zur Verfügung stellen (ganz wichtig bei Fütterung von Trockenfutter!). Hat er keine Möglichkeit, ausreichend zu trinken, werden die Nieren geschädigt.

> **TIPP** Dicke Hunde nicht durch Fastentage abnehmen lassen. Sie werden danach umso mehr fressen. Lieber annähernd die gleiche Ration, aber vermischt mit rohen Karotten anbieten, oder fett- und eiweißreduzierte »Light«-Fertigprodukte kaufen. Ein voller Magen lässt den Hund den Hunger weniger spüren, eine Futterverweigerung unterstützt in diesem Fall unser Ziel.

Fertigfutter enthält alle notwendigen Bestandteile für eine gesunde Ernährung Ihres Hundes.

Quick Info   Porträt   Einzug   Erziehung   Haltung   **Gesundheit**   Kinder Spezial

Vorbeugen ist besser als Heilen

Ein gesunder Yorkie ist aufgrund seiner rassetypischen Eigenschaften ein lebhafter, verspielter, immer zu kleinen Streichen aufgelegter Hund. Er nimmt aktiv am Leben seines Besitzers teil. Werden die Ansprüche des kleinen Freundes erfüllt, dann stehen die Chancen gut, viele fröhliche Jahre mit ihm zu verbringen.

Mindestens einmal jährlich sollten Sie Ihren Yorkie gründlich untersuchen lassen, um Krankheiten rechtzeitig zu erkennen.

Die erste Vorsorge trifft man bereits mit der Auswahl eines gesunden Welpen bei einem gewissenhaften Züchter. Viel Bewegung an frischer Luft mit den damit verbundenen Temperaturreizen bringen das Immunsystem auf Trab und schützen vor Infektionskrankheiten. Ausgewogene Ernährung beugt Organverschleiß und »Wohlstandskrankheiten« vor.

Zuwendung und Beschäftigung

Ein geregelter Tagesablauf mit festen Aktivitäts- und Ruhezeiten ermöglichen es unserem Yorkie, seinen Alltag stressfrei zu bewältigen. Viel Zuwendung und Beschäftigung, die das Hundeleben interessant und abwechslungsreich gestalten, leisten den »geistigen« Beitrag und sind somit ein wichtiger Faktor für einen gesunden Organismus. Dass wir unserem Hund alle diese Bedürfnisse erfüllen, ist nichts anderes als artgerechte Haltung.

Darüber hinaus sind Entwurmungen und die jährlichen Impfungen durchzuführen. Bei dieser Gelegenheit lässt man gleich einen Gesundheits-Check machen. Manchmal können so kleine Fütterungs- oder Haltungsfehler aufgedeckt und abgestellt werden, bevor sich Schlimmeres daraus entwickelt.

Schutzimpfungen

Einen Impfpass muss jeder Hund haben.

Die Tollwutmarke trägt der Hund ständig am Halsband.

Wenn Sie einen 12 Wochen alten Welpen kaufen, ist er in der Regel zweimal geimpft. Er hat damit einen wirksamen Impfschutz gegen folgende Infektionskrankheiten: Hepatitis (ansteckende Leberentzündung), Leptospirose (Stuttgarter Hundeseuche), Parvovirose (Katzenseuche), Staupe und Zwingerhusten (freiwillige Zusatzimpfung).

Nach dem Zahnwechsel des Welpen (mit ca. 6 Monaten) müssen Sie die Tollwutimpfung nachholen, die aufgrund der starken Impfbelastung durch die Vier- oder Fünffachimpfung bei Kleinhunden nicht gleichzeitig mit den anderen Impfstoffen verabreicht werden soll.

Nachimpfungen sind unbedingt erforderlich. Durch eine gewisse Impfmüdigkeit der Hundebesitzer ist z. B. die Staupe plötzlich wieder sehr aktuell geworden. Parvovirose ist sowieso eine ständige Gefahr und den Tollwutimpfschutz braucht man zur Einreise mit dem Hund in fast alle Länder.

IMPFPLAN

Krankheit	7.–8. Woche	12. Woche	6. Monat	Wiederholung
Staupe	x	x		jährlich
Hepatitis	x	x		jährlich
Leptospirose	x	x		jährlich
Parvovirose	x	x		jährlich
Tollwut			x	jährlich

Symptome erkennen

Erfahrene Hundehalter besitzen ein sicheres Gespür dafür, wann mit ihrem Tier etwas nicht in Ordnung ist. Als ersten Hinweis zeigt der Hund eine gewisse Lustlosigkeit oder Müdigkeit. Er ist gar nicht oder nur für kurze Zeit zu seinem Lieblingsspiel zu ermuntern und die Augen blicken nicht so feurig wie sonst. Er kringelt sich schnell wieder in seinem Körbchen zusammen und gibt uns zu verstehen, dass er seine Ruhe haben möchte.

Yorkies sind allerdings recht talentierte Schauspieler. Haben sie einmal entsprechende Erfahrungen gemacht, sind sie durchaus in der

Lage, oskarverdächtig Verletzungen vorzutäuschen. Reagiert Ihr »kranker« Hund jedoch putzmunter auf ein vorgezeigtes Leckerli, hat er wohl nur Aufmerksamkeit erregen wollen.

Checken Sie den Hund bei ungewöhnlichem Verhalten gründlich durch. Dazu gehört auch, rektal die Temperatur zu messen (selbstredend hat der Hund sein eigenes Fieberthermometer!). Sie liegt beim gesunden Hund bei etwa 38,5 °C. Ab 39 °C ist sie erhöht, über 39,5 °C hat er Fieber. Dann sollte man allerdings nicht länger abwarten, sondern einen Tierarzt zu Rate ziehen.

Nach Sprüngen aus ungewohnter Höhe kann es leicht einmal passieren, dass der Hund humpelt. Wenn er das Bein etwas zögerlich aufsetzt, müssen Sie nicht sofort in Panik geraten. Beobachten Sie ihn einige Zeit; bessert sich sein Zustand, hat er sich wohl nur vertreten und weitere Maßnahmen sind kaum erforderlich. Äußert er jedoch Schmerzen und vermeidet es ganz offensichtlich auch einen Tag nach dem Vorfall, das Bein zu benutzen, dann ist ein Tierarztbesuch angesagt. Auf jeden Fall umgehend den Tierarzt aufsuchen müssen Sie, wenn Brüche vorliegen, was sich in schlaffem Herunterhängen oder abnormer Verdrehung des Beines zeigt.

Ernsthafte Beschwerden

Tief in Ohren und Nase eingedrungene Fremdkörper (zu erkennen am Schiefhalten und anhaltenden Schütteln des Kopfes bzw. am ständigen Niesen und krampfartigen Schniefen) lässt man dagegen besser vom Tierarzt entfernen.

Tränende oder gerötete Augen deuten auf eine Bindehautentzündung hin. Sie lässt sich in den meisten Fällen erfolgreich verhindern: Schützen Sie Ihren Hund vor Zugluft und vermeiden Sie durch Abschneiden oder Hochbinden des Schopfhaares eine Reizung der Augen. Bei akuter Entzündung muss der Tierarzt mit Antibiotikatropfen helfen.

Hautausschläge und Ekzeme gehören ebenfalls in die Hand des Tierarztes, denn hier muss die Ursache gefunden werden, damit es nicht erneut zu Erkrankungen kommt.

Fieber wird im After gemessen. Eine zweite Person sollte den Hund dabei festhalten.

WICHTIG

Höchst alarmierend sind Temperaturabfälle unter 36 °C. Sie sind immer Anzeichen dafür, dass die Lebensfunktionen nachlassen. Hier besteht Lebensgefahr!

Tabletten schiebt man möglichst tief in den Rachen.

Die häufigsten Krankheiten

Beobachten Sie Ihren Hund genau, damit Sie Veränderungen im Verhalten frühzeitig erkennen. Je eher man bei einer ernsten Erkrankung mit der Behandlung beginnt, desto besser sind die Heilungschancen.

Spontaner Blutzuckerabfall

Zeigt der Welpe eine plötzliche, unerklärliche Schlappheit, so kann ein spontaner Blutzuckerabfall vorliegen. Diesem können Sie im Anfangsstadium durch Gaben von gesättigter Traubenzuckerlösung abhelfen. Wird der Welpe nicht behandelt, kommt es zu Bewusstlosigkeit, Temperaturabfall und schließlich zum Versagen des Kreislaufs, was zum Tod führt. Kann der Welpe die eingeträufelte Traubenzuckerlösung nicht mehr selbst schlucken, sollten Sie ihn unverzüglich zum Tierarzt bringen. Der Zustand des kleinen Patienten bessert sich nach einer Traubenzuckergabe sehr schnell.

Durchfall und Erbrechen

Verdauungsstörungen äußern sich meistens in Erbrechen, Durchfall und Futterverweigerung. Bei einmaligem Erbrechen besteht kein Grund zur Beunruhigung, insbesondere dann nicht, wenn der Hund das Erbrochene wieder aufnehmen will. Erbrechen und Durchfall sind nur als Unpässlichkeiten zu werten, wenn das Tier trotzdem einen relativ fitten Eindruck macht, sich einigermaßen normal verhält und auch Futter annimmt. Hier lässt sich mit 1 bis 2 Tagen Schonkost alles wieder beheben.

Anhaltendes Erbrechen mit oder ohne krampfartigen Durchfall deutet auf schwer wiegendere Ursachen hin, die der sofortigen Abklärung durch einen Tierarzt bedürfen.

Sehr gefürchtet ist die seit 1981 in Deutschland auftretende Parvovirose, die sich zeitweise stark ausbreitet. Sie äußert sich in Erbrechen, Krämpfen und wässrigen, übel riechenden und blutigen Durchfällen. Der körperliche Abbau ist rapide und unbehandelt führt diese Erkrankung meist innerhalb von 24 Stunden zum Tod. Auch tierärztlich versorgte Hunde können nicht immer gerettet werden.

> **WICHTIG**
>
> Ein spontaner Blutzuckerabfall kann sich wiederholen, sodass man bei dafür anfälligen Welpen ständig darauf achten muss, dass sie ausreichend fressen. Speziell die letzte Mahlzeit des Tages sollte kohlenhydratreich sein. Nach 5 Monaten brauchen Sie solche Anfälle nicht mehr zu befürchten (sie haben nichts mit Diabetes zu tun!), denn die Bauchspeicheldrüse ist jetzt sicher in der Lage, den Blutzuckerspiegel auf einem erforderlichen Mindestpegel zu halten.

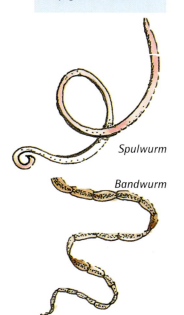

Spulwurm

Bandwurm

Scheinträchtigkeit

Tritt bei der Hündin meist 4 bis 8 Wochen nach der Läufigkeit auf. Sie zeigt alle Anzeichen einer Trächtigkeit (anschwellendes Gesäuge, manchmal Milchproduktion, »adoptiertes« Spielzeug als Welpenersatz). Sie hat ihre Ursache in einer Überreaktion des Hormonhaushaltes und meist genügt es, die Hündin mit Spaziergängen und Beschäftigung abzulenken. In seltenen Fällen können auch kalte Umschläge um das Gesäuge oder der Einsatz homöopathischer Mittel notwendig werden. Bei Hündinnen, die wiederholt und ausgeprägt scheinträchtig werden, ist eine Kastration (Entfernung von Gebärmutter und Eierstöcken) angezeigt, denn sie leiden nicht nur körperlich, sondern auch psychisch. Von einer Belegung solcher Hündinnen (wie manchmal geraten wird) ist aufgrund des gestörten Hormonhaushaltes abzuraten.

Die lästigen Parasiten

- **Spulwürmer:** Sie werden bis zu 10 cm lang und sind bei starkem Befall als spaghettiähnliche Gebilde im Kot zu finden.
- **Bandwürmer:** Sie werden vom Floh als Zwischenwirt auf den Hund übertragen. Sichtbares Zeichen für einen Bandwurmbefall sind reiskornähnliche, bewegliche Wurmteile, die in der Aftergegend und im Kot des Hundes zu finden sind.
- **Flöhe:** Verdächtige Anzeichen sind vermehrtes und ganz spontanes Kratzen. Die Spur der Übeltäter ist kaffeesatzähnlicher Flohkot auf der Haut. Gegen Flöhe gibt es heute sehr gute Mittel, die nach Verabreichung direkt über das Blut des Hundes (systemisch) auf den Floh wirken.
- **Zecken:** Sie lassen sich von Büschen oder Gräsern auf den Hund fallen, bohren sich in seiner Haut fest und saugen sich mit seinem Blut voll. Die mehr oder weniger voll gesaugten Zecken lassen sich entweder von Hand entfernen (dabei zieht man sie mit Daumen und Zeigefinger mit einer Drehbewegung nach links heraus, während man mit der anderen Hand die Haut des Hundes nach unten drückt), oder man verwendet dazu eine Zeckenzange (Apotheke). Zecken können Gehirnhautentzündung (Meningitis) und Borreliose übertragen. Gegen Borreliose kann man Hunde impfen lassen.

> **INFO**
>
> Flohbefall ist keine Schande und schon gar kein Anzeichen dafür, dass der Hund nicht ausreichend gepflegt wird. Flöhe kann jeder Hund bekommen. Versuchen Sie also nicht, verschämt mit Hausmitteln dagegen anzugehen. Wenn Sie auf Ihrem Hund wenige Flöhe entdecken, dürfen Sie fast sicher sein, dass sich eine Vielzahl davon in der Umgebung des Hundes (Körbchen, Teppichboden usw.) tummeln.

Floh

Zecke

Patella-Luxation (PL)

Patella (Kniescheibe) in korrekter Position.

Dabei handelt es sich um eine Kniegelenkserkrankung, die bei fast allen Kleinhunderassen mehr oder weniger verbreitet ist. Die Patella (Kniescheibe) ist ein kleiner Knochen, der am unteren Ende des Oberschenkelknochens in einer Rille eingelagert ist. In dieser bewegt sie sich bei der Aktion des Knies von oben nach unten. Sie liegt eingebettet zwischen dem Muskel, der vom Oberschenkel kommt, und der Sehne (Patellarband), die die Verbindung zum Unterschenkel herstellt. Beim Laufen überträgt sie die Kraft vom Unter- zum Oberschenkel. Damit sie ihre Funktion einwandfrei erfüllen kann, müssen vor allem folgende Voraussetzungen gegeben sein:

- Die vorgenannte Rille muss gut ausgeprägt sein, damit die Patella bei ihrer Auf- und Abbewegung sicher darin verbleibt.
- Der Muskel des Oberschenkels, die Kniescheibe und das Patellarband müssen auf einer geraden Linie liegen, ebenso wie Oberschenkel und Unterschenkel in der Streckung.
- Die Kniescheibe muss so ausgebildet sein, dass sie sich in die Rille einpasst.

Bei einer Luxation (Ausrenkung) verrutscht die Kniescheibe.

Krankheitsbild

Wenn eine der genannten Bedingungen nicht erfüllt ist, rutscht die Patella bei der Hinterhandbewegung aus der Rille und gleitet seitlich nach innen oder außen heraus. Bei einem schwereren Grad der Erkrankung ist die Kniescheibe ständig seitlich verlagert.

Zusätzlich zum gestörten Bewegungsablauf hat der Hund Schmerzen beim Laufen. Meist fällt dem Besitzer ein Hinken auf, zeitweise wird ein Hinterlauf überhaupt nicht mehr aufgesetzt. Durch Überbeanspruchung kann sich eine anfänglich leichtere Ausprägung verschlimmern, wobei dann in der Folge Seitenbandrisse oder Arthrosen auftreten können. In schweren Fällen wird sich eine Operation nicht vermeiden lassen. Sie ist allerdings noch sehr teuer.

Der Defekt ist vererblich. Die Zuchtprogramme der VDH-Verbände lassen seit 1996 nur noch Zuchttiere zu, die frei von diesem Defekt sind. Leider haben auch Hunde, die äußerlich kein Krankheitsbild zeigen, diesen Defekt in ihrem Erbgut. Daher wird es wohl noch Jahre dauern, bevor ein spürbarer Zuchterfolg zu verzeichnen sein wird.

| Quick Info | Porträt | Einzug | Erziehung | Haltung | **Gesundheit** | Kinder Spezial |

CHECKLISTE GESUNDHEIT

	Symptome, Auswirkung, Erstversorgung	Behandlung
Erkrankung Haut		
kleine Hautverletzungen	Hautabschürfungen, kleine Schnitte usw.	antiseptische Wundversorgung nach Reinigung
Größere u. tiefere Verletzung (Biss, Unfall)	Wundfläche steril abdecken	tierärztliche Versorgung, Nähen, Antibiotikum
Ekzem, Ausschlag, Allergie	nässende, juckende Hautstellen, die meist intensiv beleckt werden	Tierärztliche Versorgung notwendig, um die Ursache zu klären. Sonst Wiederholungsgefahr!
Ohrmilben	Kratzen im Ohrbereich, häufiges Kopfschütteln, Schiefhalten des Kopfes, Ohrgeruch	tierärztliche Versorgung, Reinigung, Behandlung mit abtötenden Emulsionen
Fremdkörper im Ohr	Kratzen im Ohrbereich, Kopfschütteln, Schiefhalten des Kopfes	sichtbare Fremdkörper mit stumpfer Pinzette herausziehen, sonst Tierarzt
Augen:		
Bindehautentzündung, Hornhautentzündung	Tränen, Lichtempfindlichkeit, Rötungen Eintrübung der Hornhaut	Tierärztliche Versorgung. Vermeidung der Ursachen: Zug, Reizung der Augen durch Haar usw.
Fremdkörper	Tränen, Reizung	Vorsichtiger Versuch der Entfernung mit Wattestäbchen, sonst Tierarzt
Gliedmaßen:		
kleine Spontanverletzungen	Humpeln, das sich nach kurzer Zeit bessert	Schonung, Sprünge und Herumtollen verhindern
Stauchungen, Zerrungen	starkes Humpeln, Schmerzen, Anschwellen	Tierarzt zur Abklärung. Schonung, kühlende Umschläge, Sportsalben
Brüche	abnorme Haltung, Drehung, Schwellung, bei »offenen« Brüchen sterile Abdeckung	Unbedingt tierärztliche Behandlung erforderlich!
Zahnprobleme:		
verbleibende Milchzähne	doppelte oder teilweise doppelte Zahnreihen	vordere Schneidezähne und obere Eckzähne kann man ignorieren. Untere Milcheckzähne können die korrekte Stellung des bleibenden Eckzahnes verhindern und müssen daher vom Tierarzt gezogen werden
Zahnbelag	weiche, gelbliche Ablagerungen a. d. Zähnen	Zähne putzen (s. Kapitel »Pflege«)
Zahnstein	graubrauner, fester, mehr oder weniger dicker Belag auf den Zähnen, beginnt am Zahnfleisch	Leichter Zahnstein kann mit dem Daumennagel entfernt werden. Sonst Generalreinigung beim Tierarzt, danach regelmäßige Zahnpflege

Was du im Umgang mit deinem Yorkie beachten musst:

- Ärgere deinen kleinen Vierbeiner nie und lass an ihm nie deine schlechte Laune aus! Er ist auch kein Spielzeug, sondern ein Lebewesen, das du respektieren musst. Behandle ihn so, wie du selbst behandelt werden möchtest. Er will dein bester Freund sein, dem du all deine Sorgen erzählen kannst.

- Wenn er gerade frisst oder an einen Kauknochen knabbert, darfst du ihn nicht stören. Du würdest es auch nicht mögen, wenn du etwas Leckeres auf dem Teller hast und ein anderer würde es dir wegnehmen wollen.

- Wenn du beim Essen sitzt, gib deinem Hund keinen Happen, auch wenn er dich noch so hungrig ansieht. Wenn er einmal etwas vom Tisch bekommen hat, wird er es immer wieder versuchen. Hunde, die bei Tisch betteln, verhalten sich ungezogen. Ungezogene Hunde mag niemand. Du möchtest doch nicht, dass man deinen Hund nicht mag, oder?

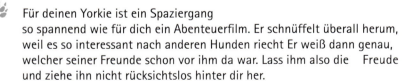

- Für deinen Yorkie ist ein Spaziergang so spannend wie für dich ein Abenteuerfilm. Er schnüffelt überall herum, weil es so interessant nach anderen Hunden riecht Er weiß dann genau, welcher seiner Freunde schon vor ihm da war. Lass ihm also die Freude und ziehe ihn nicht rücksichtslos hinter dir her.

- **Vorsicht**
  Du musst damit rechnen, dass dich dein Yorkie, wenn er noch sehr jung ist, beim Spielen mit seinen spitzen Milchzähnen pikst. Das ist nicht böse gemeint. Er muss erst noch lernen, dass er dir damit wehtun kann.

Wie schlau und kräftig ist dein Yorkie?

Terrier haben es faustdick hinter den Ohren. Sie wollen ihren Willen durchsetzen, sind schlau und flink und für ihre Größe ganz schön stark. Du musst also bei jedem Spaziergang mit ihm »Sitz!«, »Platz« und »Komm« üben, damit dein Yorkie tut, was du willst. Wenn er nicht gehorcht, kann das böse für ihn enden.

Mit diesen Spielen kannst du testen, wie schlau, schnell und stark dein Yorkie ist. Lass dir dabei von einem Erwachsenen helfen.

Tauziehen
Nimm ein altes Handtuch. Du ziehst an einem Ende, dein Yorkie am anderen. Du musst aber vorsichtig sein und darfst den Kleinen nicht mit dem Handtuch hochziehen. Er könnte sich dabei verletzten. Du wirst merken, wie viel Kraft so ein kleiner Hund hat.

Verstecken
Wenn du mit deinen Eltern und dem Hund spazieren gehst, versteck dich hinter einem Baum. Ruf leise seinen Namen. Ob er dich wohl findet?

Wettlauf
Ein Erwachsener aus deiner Familie hält ein Spielzeug hoch. Du stehst mit deinem Hund in einiger Entfernung und hältst ihn fest. Auf »Los!« lässt du ihn los und läufst mit ihm um die Wette zum Erwachsenen. Wer ist schneller?

Vorsicht
Auch wenn du nur einen so kleinen Hund hast und mit ihm an der Leine spazieren gehst, soll immer ein Erwachsener dabei sein. Auch ein ganz prima erzogener Hund kann plötzlich losstürmen und sich losreißen. Er könnte dann auf die Fahrbahn laufen und möglicherweise überfahren werden oder einen Unfall verursachen.

Die Vorfahren aller Hunde sind die Wölfe

Vor vielen tausend Jahren freundeten sich Menschen und Wölfe miteinander an. Vielleicht haben unsere Vorfahren Wolfsbabys großgezogen und die erwachsenen Wölfe folgten den Steinzeitmenschen auf ihren Wanderungen durch die Wildnis und fraßen die Essensreste auf. Wölfe sind gute Jäger und sehr wachsam. Diese Eigenschaften gefielen den Menschen und sie begannen, Wölfe zu zähmen und für sich arbeiten zu lassen. Aus den wilden Wölfen wurden so mit der Zeit zahme Hunde.

Wie kommt es dann, dass die Hunde so verschieden aussehen?

Zunächst einmal: Wolf ist nicht gleich Wolf. Es gibt auf der Welt rund 30 verschiedene Wolfsarten mit weißem, schwarzem, braunem, grauem oder aus all den Farben gemixtem Fell. Im kalten Norden wächst das Haarkleid dichter, im warmen Süden dünner.
Die Menschen beobachteten ganz genau, welche der zahmen Wölfe ihre Arbeit gut machten. Um immer bessere »Jagdgehilfen« zu erhalten, durften nur noch jene Wölfe Junge bekommen, die fleißig bei der Jagd halfen. Diese Wölfe waren schlank und schnell. Genauso machte man es mit denen, die wachsam waren und gut auf die Hütten aufpassten. Diese Tiere waren groß und stark.

Alle waren richtige »Arbeitstiere«. Wie sie aussahen, spielte damals keine besondere Rolle. Da aber immer nur bestimmte »Wolfshunde« Junge bekommen durften, bildeten sich allmählich Gruppen mit unterschiedlichem Aussehen. Dadurch entstanden auf der ganzen Welt in vielen Jahrtausenden die verschiedenen Hunderassen.

Die meisten Hunderassen, die du heute auf der Straße siehst, gibt es erst seit ungefähr 80–100 Jahren, zum Beispiel deinen Yorkie, den Deutschen Schäferhund, den Golden Retriever oder den Boxer.

Wer ist hier der Boss?

Zwar sieht dein kleiner Yorkie nicht wie ein Wolf aus, aber es steckt noch viel von seinem Ur-Ur-Ur-Großeltern in ihm. Wölfe leben im Rudel. Das ist so etwas wie eine Großfamilie. Und auch dein kleiner Freund will in einem Rudel leben. Da er wahrscheinlich der einzige Hund in deiner Familie ist, bist du mit deinen Eltern und Geschwistern sein Rudel. Bei den Wolfsrudeln gibt es immer ein männliches und ein weibliches Leittier, besonders schlaue und starke Wölfe. Das sind die Bosse. Ist dein Yorkie sehr selbstbewusst, dann wird er sicher versuchen, in deiner Familie der Boss zu sein.

Wenn ihr ihm das erlaubt, geht es bei euch so zu:
Dein Yorkie ist der Boss und beherrscht die ganze Familie. Er gehorcht nicht und tut, was er will. Das kann ganz schön nervig sein. Es macht dann gar keinen Spaß, zusammen mit dem Hund etwas zu unternehmen. Deshalb ist es wichtig, dass dein Hund gut erzogen wird.

So klappt das Familienleben besser:
Bei dir zu Hause sind dein Papa und deine Mama die Bosse. Der Hund tut, was sie ihm sagen. Du und dein Yorkie stehen im Familienrudel etwas weiter unten. Deshalb wird der Hund dir nicht immer gehorchen wollen. Das darfst du aber nicht dulden. Gib ihm klare Anweisungen, aber nur dann, wenn du auch die Zeit und Geduld hast, auf die Ausführung deiner Anweisungen zu warten. Schrei ihn nicht an, sondern sprich immer mit ruhiger, normaler Stimme mit ihm. Lass dir bei der Erziehung des Hundes von deinen Eltern helfen.

Serviceseiten

Wichtige Adressen

Deutschland
Verband für das Deutsche
Hundewesen e. V. (VDH)
Westfalendamm 174
44141 Dortmund
Tel. 02 31/56 50 00
Fax 02 31/59 24 40

1. Deutscher Yorkshire-
Terrier-Club e. V.
Friedrich Schürer
Gruberstraße 18
90613 Großhabersdorf
Tel. 0 91 05/2 75
Fax 0 91 05/91 84

Club für Yorkshire Terrier e. V.
Roman Alraun
Am Karpfenteich 11
31535 Neustadt
Tel./Fax 0 50 72/78 48 60

Deutsches Haustierregister
Baumschulallee 15
53115 Bonn
Tel. 01 80/23 14 14

Tasso-Haustierzentralregister
e. V.
Frankfurter Straße 20
65795 Hattersheim
Tel. 0 61 90/93 22 14
Fax 0 61 90/59 67

Österreich
Österreichischer Kynologen-
verband
Johann-Teufel-Gasse 8
A-1230 Wien
Tel. 01/8 88 70 92
Fax 01/8 89 26 21

Österreichischer Yorkshire-
Terrier-Klub
Renate Scheckenbacher
Ottensteinstraße 51
A-2344 Maria Enzersdorf
Tel. 0 22 36/4 26 47

Schweiz
Schweizerische Kynologische
Gesellschaft (SKG)
Längassstraße 8
CH-3012 Bern
Tel. 0 31/3 06 62 62
Fax 0 31/3 06 62 60

Schweizerischer Zwerghunde-
Klub
Elsbeth Clerc
Gumpisbühlweg 23
CH-3067 Boll
Tel. 0 31/8 39 60 24
Fax 0 31/8 39 14 80

Weiterführende Literatur

Edney, Andrew
Mugford, Roger
1x1 der Hundehaltung
Kynos 1996

Feldmann-v. Schröder, Gudrun
Hund und Mensch im Zwie-
gespräch
Franckh-Kosmos, 1993

Trumler, Eberhard
Hunde ernst genommen.
Zum Wesen und Verständnis
ihres Verhaltens
Piper 1992

Fachzeitschrift
"Blue & Tan"
Verlag Armin Rüben
Brabanter Straße 40
51525 Waldfeucht
Tel./Fax 0 24 55/29 91

Der Verlag dankt Familie
Schinke, Wolfskamp 6,
24113 Molfsee und Familie
Hauke, Jungmannstraße 5,
24536 Neumünster sowie
ihren fröhlichen Yorkshire Terriern für die freundliche Un-
terstützung bei Erstellung der
Bilder.

Anmerkung der Redaktion:
Da das Kupierverbot erst seit
1998 besteht, haben noch
nicht alle in diesem Buch ab-
gebildeten Yorkshire Terrier
eine nicht kupierte Rute.

Sie finden uns im Internet:
www.falken.de

Dieses Buch wurde auf chlorfrei gebleichtem und säurefreiem Papier gedruckt.

Der Text dieses Buches entspricht den Regeln der neuen deutschen Rechtschreibung.

ISBN 3 8068 2551 3

© 2000 by FALKEN Verlag, 65527 Niedernhausen/Ts.
Die Verwertung der Texte und Bilder, auch auszugsweise, ist ohne Zustimmung des Verlags urheberrechtswidrig und strafbar. Dies gilt auch für Vervielfältigungen, Übersetzungen, Mikroverfilmung und für die Verarbeitung mit elektronischen Systemen.
Titelbild: U. Schanz, München
    (gr. Bild); W. Redeleit Bienenbüttel
    (kl. Bilder)
Umschlagrückseite: W. Redeleit,
    Bienenbüttel
Fotos: U. Schanz, München: S. 14;
    W. Redeleit, Bienenbüttel: alle weiteren Fotos
Zeichnungen: FALKEN Archiv/Farkas-Dorner: S. 54, 55, 64; U. Farkas-Dorner, Plouray/Frankreich: S. 15, 53, 56; E. Wagendristel, Berlin (Kinder Spezial)
Die Ratschläge in diesem Buch sind von der Autorin und vom Verlag sorgfältig erwogen und geprüft, dennoch kann eine Garantie nicht übernommen werden. Eine Haftung der Autorin bzw. des Verlags und seiner Beauftragten für Personen-, Sach- und Vermögensschäden ist ausgeschlossen.
Druck: Appl, Wemding

817 2635 4453 6271

Register

Ahnen 12
Ältere Menschen 28
Auslauf 6, 7, 8, 9, 20
Autofahrt 25

Bandwürmer 55
Bürsten 42

Eingewöhnung 26
Einzug 24, 46
Entwurmung 6, 8, 50
Ernährung 46
Erziehung 30, 36

Fellpflege 40 ff.
Fertigfutter 48 f.
Fett 46
Flöhe 55
Futter 6, 7, 8, 9, 48 f.
Futtermenge 48

Gebiss 9, 27
Gebisswechsel 7
Geschlechtsreife 27
Grundausstattung 23

Haustiere 29
Hündin 19

Infektionskrankheiten 52
Impfplan 52
Impfung 6, 50

Kämmen 42
Kinder 28
Kläffen 36
Kohlenhydrate 47
»Komm!« 38
Körperpflege 42 ff.
Krallenpflege 44
Krankheiten 52, 54
Kupieren 15

Leckereien 49
Leinenführigkeit 36
Lernen 7, 8, 9
Lob 32

Milchzähnchen 27

Ohrenpflege 44

Parasiten 55
Patella-Luxation (PL) 7, 8. 55
Pfotenpflege 45
»Platz!« 39
Prägespiele 6, 7

Rattenfänger 13
Rüde 19

Scheinträchtigkeit 55
Schlafhöhle 22, 24
»Sitz!« 38
Spulwürmer 55
Standard 14
Strafen 33
Stubenreinheit 34

Tadel 32
Transportbox 23
Trockenfutter 48 f.

Urlaub 4

Verbote 6, 7, 9
Vitamine 47
Vollbad 43

Welpe 6, 16, 18, 28, 29, 34
Wesen 4

Zahnkontrolle 8, 9
Zahnpflege 45
Zecken 55

ERSTE HILFE FÜR HUNDE

Erste Hilfe

Ratschläge für den Notfall:

- 🐾 Bleiben Sie unbedingt ruhig und besonnen!
- 🐾 Unterbinden Sie jede Fluchtmöglichkeit!
- 🐾 Bringen Sie den Hund schnell aus der Gefahrenzone!
- 🐾 Legen Sie den Hund auf die unverletzte Seite!
- 🐾 Beruhigen Sie den Hund mit leiser Stimme!
- 🐾 Legen Sie dem Hund eine Schnauzenbinde an, wenn er Schmerzen hat!
- 🐾 Fahren Sie auf dem schnellsten Weg zum Tierarzt!

Extra-Tipp

Es gibt Erste-Hilfe-Kurse für Hundebesitzer, in denen man die wichtigsten Handgriffe und Maßnahmen üben kann. Fragen Sie bei Ihrem örtlichen Tierschutzverein nach Terminen. Erste Hilfe bei Bewusstlosigkeit, Atemstillstand und Herzstillstand sollten Sie sich unbedingt von Fachleuten zeigen lassen. Eine gut gemeinte, aber falsche Behandlung in diesen Situationen kann dem Hund sehr schaden.

Schnauzenbinden

Auch der liebste Hund kann Sie beißen, wenn er starke Schmerzen hat. Um ihm helfen zu können, müssen Sie ihm die Schnauze zubinden. Sie brauchen dazu eine etwa 1 Meter lange Binde (Schal, Krawatte, Stoffgürtel). In der Mitte einen Knoten machen und wie auf der Zeichnung zu sehen um die Schnauze legen und hinter dem Kopf zubinden.

Erste Hilfe bei offenen Wunden

- 🐾 **Pulsierende Blutungen an Gliedmaßen:** Das Bein oberhalb der Ferse oder des Ellenbogens, jedenfalls oberhalb der Wunde, mit einem elastischen Material (Schal, Strumpf) abbinden und alle 20 Minuten lockern, damit das Bein nicht abstirbt. Wunde verbinden.
- 🐾 **Blutungen am Körper:** Wunde abdecken und über den ganzen Körper einen Druckverband anlegen.
- 🐾 **Leichte Blutungen:** Mit einem sauberen Taschentuch einige Minuten auf die Wunde drücken und nach Möglichkeit die verletzte Stelle kühlen. Verband anlegen.
- 🐾 **Blutige Verletzungen an den Zehen:** Die Zehenzwischenräume auspolstern (Watte, Papiertaschentücher).